中国東北地方三〇〇〇キロ紀行——旧満州慰霊の旅

土屋十圀

鳥影社

旧奉天飛行場近くの公園で行う慰霊

1941 年日本軍が建設した図們大橋と中国の新大橋（建設中）
対岸は北朝鮮南陽市
（カメラは中朝国境検問所の展望台）

張鼓峰事件記念碑と後方は張鼓峯

張鼓峰事件記念館

牡丹江から穆棱市に向かう田園地帯の風景

松花江河川敷の「自然保全区」に放牧された群馬

中国東北地方三〇〇〇キロ紀行
――旧満州慰霊の旅

目次

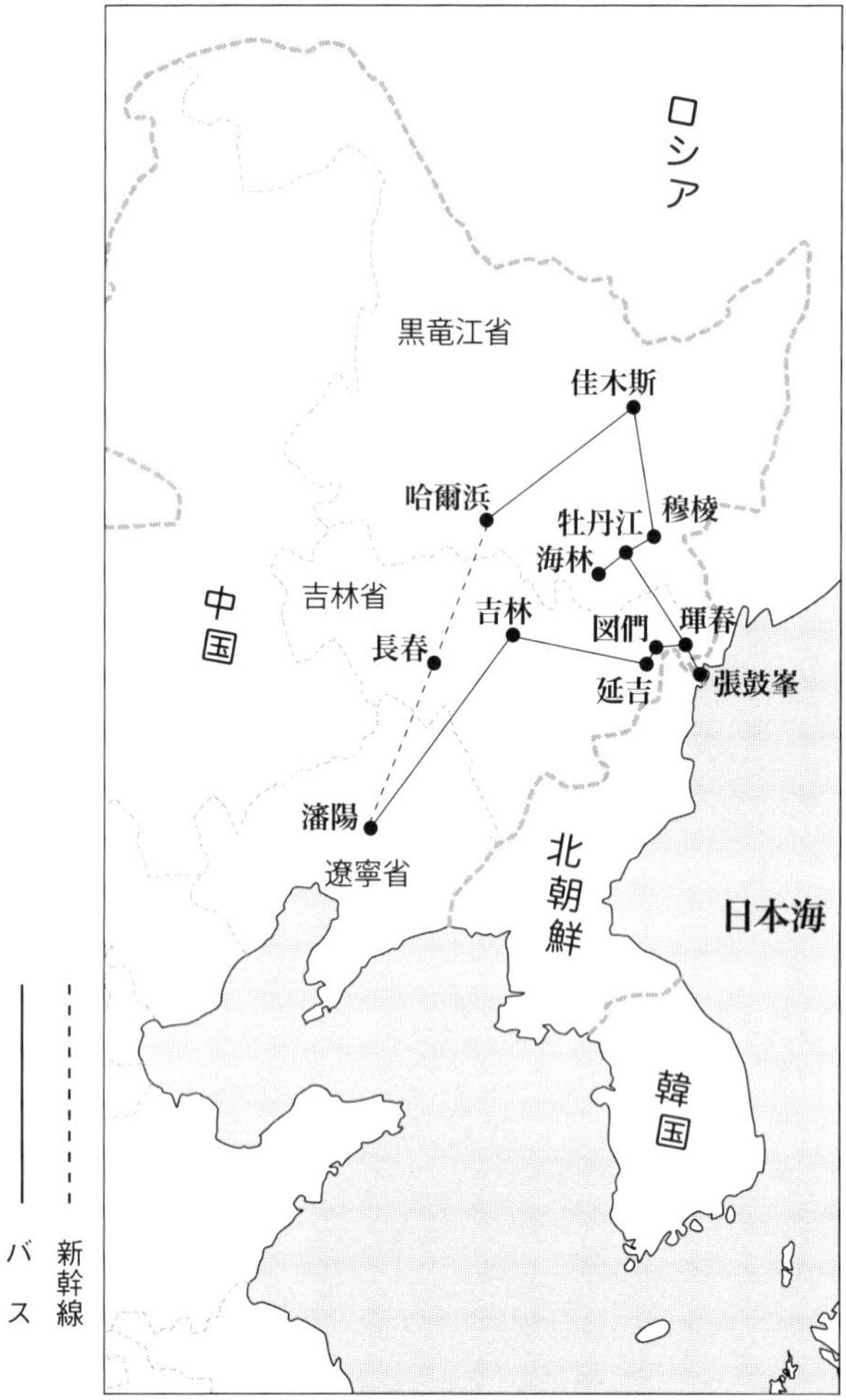
ロシア
黒竜江省
佳木斯
哈爾浜
穆棱
牡丹江
海林
中国
吉林省
吉林
長春
図們
琿春
張鼓峯
延吉
瀋陽
遼寧省
北朝鮮
日本海
韓国
新幹線
バス

旧満州慰霊の旅の行程

中国東北地方三〇〇〇キロ紀行

——旧満州慰霊の旅

第一章　緊張下の旅立ち

二〇一七年九月五日、成田から全日空925便で、中国東北地方の観光の旅に向かった。私はこの旅を長いこと待ち望んでいた。旅とはいっても日中戦争で戦死没した遺族の慰霊と日中友好の旅である。戦死した伯父の戦地は旧満州の図們江《ともんこう》が日本海に流れ込むロシアと北朝鮮に挟まれた朝鮮族自治州の旧間島省《かんとうしょう》である。祖父母、父、姉妹らが実現できなかった念願の旧満州への慰霊を託された旅だからである。九月に入りまだ夏の終わりにもかかわらず、暑い日々が続いていた。

中国東北部へは初めての旅であり、この旧満州は戦前、父や伯父たちが仕事や兵隊として暮らし、戦ってきたところだ。どんな思いで過ごしたのかと考えると気持ちが少し高揚してくる。成田から瀋陽までの空のルートを気にかけていた。北朝鮮の連続するミサイルの打ち上げが頻発し、国内外では緊張がつづき、日本の自治体ではJアラートを発信し、避難訓練をするところが現れている。こんな緊迫した状況下で、どのルートで飛行するのだろうか。

飛行機が飛び立ってから早速、機内のディスプレーをみた。やはり、成田から日本海上空を北に向かい、ロシアのウラジオストック上空の北朝鮮国境からやや離れた位置を北東から西に向かうルートであった。

北朝鮮とは国交がないので、当然上空は飛ばないことはわかっていたが、無事三時間ほどのフライトで瀋陽の飛行場に降り立った。瀋陽も暑い日がつづき、昼間の直射日光は日焼けするほどでサングラスを勧められるほどだった。最近は中国東北部の瀋陽や哈爾濱《ハルピン》など大都市には羽田、成田など各地から三時間でいけるようになった。

八月二十九日北朝鮮が発射した弾道ミサイル火星12は、大気圏約二〇㌔の高さはもとより北海道上空の高度約五〇〇〇㌔の宇宙空間まで打ち上げ、飛行距離は約二七〇〇㌔に達したとされている。こうなったら今の自衛力では簡単に対応はできない。仮に偶発的なことが起こり衝突することになれば大変な事態になることはだれも想像できる。もし、誤解、偶発などによって核兵器の戦争になれば、破滅的なことになる。軍事対軍事の対決からはなにも生まれないことは歴史が教えている。平和的な話し合いによる解決を祈るだけである。

この友好訪中団は七十三年前、その軍事力を行使し、大陸での愚かな侵略の戦いであった日中戦争による犠牲者でもある遺族が、今も亡骸が不明な親、兄妹らの肉親への慰霊の旅に向かうものたちである。

また、戦死した日本の兵士らも大戦の犠牲者であると同時に、中国の人々への加害者でもあった。真の日中友好のためには、歴史の事実を理解することが大切である。この旅は、中国の人々の気持ちに寄り添いながら、この目で経済発展が目覚ましい中国の姿をみることにより、相互理解が進み友好の絆が築かれることを願う旅でもある。

あの戦争から七十数年後に生きている家族の末裔として死者への祈りを捧げ、心に刻む旅にでようとしている。

戦死没者の慰霊の旅は日中国交回復が実現した一九七二年以降、行われるようになり、第一回目の昭和五十五年度（一九八〇）から数えて三十六回になると、厚生労働省の佐々木さんが成田空港の結団式で挨拶されていた。当時は国交回復後の盛り上がりで予算も付き、日中友好が前面に打ち出され、遺族が訪中した。今でも主旨は日中友好訪問となっているが、「現在では複雑な外交上のこともあり『観光』が前面にないと中国からの許可が下りない」と、団長の小林さんが説明してくれた。小林さんはこれまで現役時代にはシベリアの遺骨収集から中国の各地の戦死没者の慰霊巡拝の仕事をされてきたそうでこの方面には大変詳しい方である。今回も、遺族の戦死没地を丁寧に調査し、できるだけその現地まで行くことを目指している。更に、これまでの経験によれば「中国やロシアでは日本の兵士や死没者の慰霊塔が現地にあったが、戦後七十年の間に破壊されたり遺骨が処分されたりしている」とも話された。また、「中国国内では二〇一四年に『反スパイ法』ができたため監視が厳しくなった」とも言われた。写真撮影は注意が必要とのことであった。

京都から参加された遺族代表の吉里さんは「ひと昔は、我々の親世代の頃、戦没者の全国遺族会がその中心となり活動し、各地方の役職にある人を中心に各地の慰霊巡拝に行かれたようだ」と言われていた。しかし、その中心は戦没者の夫人が多く、夫人の多くは今のように女性が自立し、働いていなかったから、渡航費は政府や地方自治体、遺族会が積立金などで支援して参加することができたようだ。また、当時は兵士として各地で戦死したこどもの親、夫、兄弟が参加の中心であったが、すでに高齢になったり、亡くなられたりして、参加者も少なくなった。近年は、この慰霊巡拝の参加者は世代交代もあり、甥・姪まで参加対象が広げられるようになった。今回もそのような新しい世代の遺族も参加している。費用負担は旅費総額の三分の二は自己負担となっている。

今回の参加者の戦死没者の死亡時機をみて驚いた。私の伯父の場合を除いて、一九四五年八月十五日の終戦日を過ぎて亡くなっている方が多数であった。内地はポツダム宣言を受諾して昭和二十年八月十五日は戦争が終結したことになっているが、この旧満州の地は八月に入り、旧ソ連軍の侵攻があり、更に八月十五日以降も八路軍、中国人などの反撃も加わり終戦日の後にも戦がつづいた。なんという戦禍の苦しみと憎しみの叫びの大地だったのだろう。

　私の場合、伯父の戦死は日中戦争の発端となった昭和十二年七月の盧溝橋事件の翌年、昭和十三年（一九三八）八月の張鼓峯《ちょうこほう》事件で、二十三歳で戦死している。旧間島州延吉市役所に勤務していたが、伯父は昭和十二年十一月に徴兵され、朝鮮軍第19師団第75連隊に入営した。旧ソ連・旧満州の国境の張鼓峯で戦死したのである。この地は、現在は中国の朝鮮族自治州でもある琿春市にあり、白頭山（中国名は長白山、高さ二七四四㍍）から発する図們江が国境としてつづく、中国・北朝鮮・ロシアの国境の辺境の地である。

第二章　恵みの大地を駆ける
――瀋陽から吉林省

二〇一七年九月五日、出発した夜は機内で夕食を済ませ、瀋陽の空港からバスで午後一一時ころホテル「瀋陽龍之夢酒店」に到着した。空港の出迎えは現地で案内する日本語通訳の男性ガイドで、流暢な日本語であった。小林団長さん、添乗員の岩尾さんらから注意事項を聞き、カギを受け取り各自の部屋に入った。しっかり注意されたことは、「どこの街もホテルは四つ星、五つ星ですが、日本のようにトイレットペーパーは流さないこと」「使用後はトイレ脇のごみ箱にいれること」「ホテルの水道水は飲まないように」「ペットボトルの水を飲むように」「風呂はバスタブがない場合がある。シャワーのみのホテルもある」こと。「ペーパーは注意しないとすぐ詰まるので、夜間はホテルで対応してくれない」とのことであった。水は、海外では硬水が多いので腹の調子が悪くなることがある。これは今までの海外の旅で経験しているので守れていた。

初日、一人部屋を希望したので馬鹿でかい部屋のダブルベッドに一人だけで過ごした。何か落ち着かない。バスタブに入り、所在なくベッドに入ったが、初日の疲れで、ぐっすり眠ってしまった。

明日からいよいよ中国東北部（旧満州）の大陸二〇〇〇キロをバスで行く。長旅で、行程のほとんどがバスの旅ということで身体への負担は覚悟していた。九日間の旅、中国国内と慰霊地のガイドは、通訳の女性と運転手さんである。そして、この旅の添乗員　岩尾さんの外に看護師の木内さんもいる。シニア世代が多いこの訪中団員にとって、心強いスタッフの人たちである。

初日九月六日、ホテルの朝食後午前八時三〇分にホテルをスタートし、瀋陽市内の旧奉天飛行場に向かった。この飛行場はもともと張作霖が建設したもので、関東軍が接収して使用していた所である。どんな戦いがあったのかもよくわからないとのことであった。

ここで亡くなられた福岡県の山口さんの伯父さんは、死亡日が不明のままの兵士であった。遺影は軍服姿のういういしい青年である。現在、飛行場は中国の軍関係の工場となっているため、その隣接した市内の公園内の樹林の中で、用意してきたローソクと線香を焚き、遺族が持参した供物と団員らが周辺の野草の花を摘んでお供えした。副団長の中沢さんの拝礼と黙禱の一声につづき、山口さんの伯父さんの慰霊が始まった。次々に団員である他の遺族も続いて拝礼を行った。園内の青々とした樹木につつまれ朝のひんやりとした空気が心地よかった。

旧奉天飛行場近くの公園で行う慰霊

団長さんが適地を探して、シートを引き拝礼が始まったころに、公園管理の職員が不審に思われたのか様子を見ようとして近付いてきた。しかし、現地の観光ガイドさんが様子を察して駆け寄り、職員に説明して理解が得られたようだ。流石に彼女の対応は日中友好の慰霊巡拝の趣旨を理解しているベテランの中国人ガイドであることに感心した。やはり、公園内で線香を焚くこと自体、不信感を持たれることは致し方ない。不要なトラブルにならないように速やかに二〇分程度でその場を後にした。この公園は整備したばかりであり、どこか新しさがあり植物や庭石も少し不自然に置かれ、苔もなく不思議な公園だった。
参加した遺族は初めての体験なので、現地の慰霊のセレモニーのスタイルを最初に学習した。

瀋陽市内をバスで廻りながら昼食をするため市内の飯店に向かった。途中、市内観光をしながら街の様子を車窓から見ると活気に溢れている。瀋陽は遼寧省の省都であり人口八一〇万人の大都会である。ガイドブックによれば、瀋陽市（しんようし・シェンヤンし）——中国語 沈阳市、英語 Shenyang、満州語 simiyan hoton、šen yang hecen、mukden hotonとある。太陽が沈むところという意味があるようだ。漢族を中心に二九の民族が住む東北三省の中でも最大級の都市のひとつである。少数民族のなかには満州族、回族、朝鮮族、モンゴル族、シボ族が暮らしている。気候は温帯モンスーンで大陸性気候に属し、冬季は寒く乾燥し、北西風が吹く。夏季は高温多湿で南風と西風が多いとのこと。最も寒い一月でもマイナス一二・三度になり、最も暑い夏では二四・六度となっている。

瀋陽は漢、唐、元の時代からの都市で一六二五年に都成京となり、女真族のヌルハチが統一して建国している。太祖ヌルハチの陵墓福陵が市内にある。一六五七年には奉天府が設置されている。十八世紀以降は帝政ロシア、日本の勢力の支配になったが、現在は中国東北部の最重要都市として発展してきた。航空機器などの重工業、ＩＴ産業として発展している。日本の領事館がこの都市に置かれている。

戦前、今の瀋陽は奉天と呼ばれ、南満州鉄道（満鉄）の本部があった。一九三一年九月十八日、この奉天付近の柳条湖は関東軍の謀略事件が起きたところである。関東軍は満鉄の線路を爆破させ、これを中国軍による犯行と発表することで、満州における軍事展開や占領の口実として利用した。後に柳条湖事件と呼ばれ、泥沼の大東亜（太平洋）戦争が一五年も続いた。

バスの車中から瀋陽駅（旧奉天駅）を見ると小さいが東京駅に摸してつくられており親しみやすい。この東駅舎は一九一〇年十月一日に併用開始したもので、日本の建築家辰野金吾の教えた学生であった太田毅と吉田宗太郎によって設計された駅ということだ。

バスは瀋陽駅に真直ぐ伸びる中華路を走りぬけて、やがて瀋陽駅の手前で右折して中山広場（旧奉天広場）に向かう。この通りは銀行、百貨店が並ぶメインストリートだ。中山広場に入る角の遼寧賓館（旧奉天ヤマトホテル）に到着した。このホテルを利用してトイレ休憩。建物の中に入ってみる。これまでホテルは何度となく立て替えられていたようであり、その写真が廊下の広間に年代ごとに飾られていた。旧満鉄時代の遺産を改修して利用している。品格のある建築物である。内外装はアール・デコ調のデザインが施され、外壁は白色のタイル貼り仕上げになっている。客室は全室浴室付きであり、館内にはバー、ビリヤード室、理髪室など長期滞在者向けの設備が設けられていた。当時は最新かつ最高格式のホテルとして知られ、歌手の山口淑子も宿泊し、戦後も中華人民共和国の国家指導者である毛沢東、鄧小平らがここを訪れているという。ヤマトホテルは、かつて満鉄が経営していた高級ホテルブランドであった。満州国樹立前の一九〇七年から一九四五年まで満鉄線沿線の主要都市を中心にホテル網を展開していた。ヤマトホテル以外の直営ホテルと合わせて満鉄ホテルチェーンと総称されたという。

バスは発車すると中山広場のロータリーに入る。その中心に大きな毛沢東の銅像が立っている。この銅像は日本の旅行ガイドには明記されていなかったので、今では観光としては無視されている存在なのかとも思った。ロータリーを一周して飯店に向かった。通りの一つ一つに「旧千代田どおり」、「旧難波どおり」と頻繁に当時の日本の大都市の名前でガイドから説明があった。明治十三年に開設された国策の（株）横浜正金銀行の奉天支店もあった。

奉天支店は現中国工商銀行中山広場支行となっている。全日空の瀋陽支店の前は中国医科大学（旧満州医科大学）とその付属第一病院がある。筆者の祖母の兄は大正の初め、この医大に学び旧満州時代、満州の各地の病院に勤務していたことを思い出した。この医科大学は、日露戦争の翌年（一九〇五）から日本の敗戦（一九四五年）に至る四十年間、日本の支配下、勢力圏内にあった満洲国および関東州に一九二二年（大正十一）に設立され、多くの日本人も学んだ。この医科大学の前身は一九一一年（明治四十四）六月、満鉄が南満医学堂を奉天（現瀋陽）に設立し、一九二二年五月満州医科大学と改称している。現在、中国の医学の主要な国立高等教育機関の一つになっている。

中山広場にある毛沢東像

瀋陽では一ヵ所の慰霊で終わり、昼食を済ませて吉林省に向かった。いつの間にか、高速道路に入り、数時間走り続けて吉林市に入ったが、人口は四四〇万人の大都市である。吉林市は省都の長春市に次ぐ第二の都市である。また、吉林市は吉林省中央部に位置し、松花江（スンガリ川）の岸辺にある。松花江は吉林市で北流して、やがてロシア国境を流れるアムール川に合流し、北緯五三度付近でタタール（間宮）海峡に流れ込み、川から海へ繋がる支流の水路である。

このため、舟運の要の町で古くから造船業も盛んである。市名は満州語で「川沿いの村」、「川を背にしている村」を意味するそうだ。また、東で延辺朝鮮族自治州、西で長春市、四平市、北で黒竜江省と接している。

吉林市から延吉市へ向かう穀倉地帯

高速道路を半日走ってもとうきび（唐黍）の農地が延々と続く大地だ。このような広大な土地をどのように耕作しているのか知りたくなる。ガイドさんによれば、現在、中国政府の指導は都市から農村へ入植を促進し、今では土地が不足しているとのこと。農業を希望する個人に国家が土地を分け与え、集団で耕作しているそうだ。中国の貧富の差を埋めるために農村に力を入れている姿がこのとうきび畑から伺うことができる。中国の主食はトウモロコシを原料にしたパンやおかゆ、そして餃子がある。米も作っているが、昔からトウモロコシを主食の原料にしている。ホテルでは茹でたトウモロコシも出るがどこに行ってもトウモロコシのおかゆが定番である。中国語では玉蜀黍（トウモロコシ・とうきび）は食料品となるだけではなく、飼料や医薬品としても生産しているという。日本では無印良品のノンカフェイン「とうもろこし茶」などに使われているようだ。日本の農林水産省政策課食料安全保障室の海外食糧需給インフォメーションによると中国東北部・黒竜江省などのトウモロコシの生育状況は、本年（二〇一七）九月六日には成熟期に入っており、丈は三㍍を超えており　十月下旬に収穫される予定とある。このトウモロコシの収穫作業が日本のように茎からもぎ取るのではなく、一旦根元から切り倒し、トラクターで集めるそうだ。また、小規模の農業集団は機械化が遅れているようだ。しかし、今年は、雹《ひょう》と干ばつに見舞われたが、影響は少なく、作柄は昨年より良好で、反収はヘクタールあたり一〇㌧程度の見通しとのことであった。

　トウモロコシが林立する大地を六時間走り抜けた。高速道路は整備され、サービスエリアの販売店舗もきれいなところが多い。しかし、トイレは整備途中にあるものも多く、旅行者は紙の用意が必要なところもあった。

　二日目は四二〇㌔を走り吉林市の「吉林世紀大飯店」に宿泊した。

電飾が美しい吉林世紀大飯店

河川を挟んで広がる水田地帯と小高い丘陵地

第三章　大地平線を見た
――吉林省から延吉

我われは朝六時半にはホテルのレストランで朝食を済ませ八時にはバスは出発した。

一行は気心も知れてきてテーブルを囲み、食事にも慣れて愉しく朝食を済ませるようになった。

高速道路は吉林までくると道路は合流し、長春から琿春《こんしゅん》までの新幹線がほぼ並行して走り、敦化市、延吉市、琿春市までつづく。ここまで来て、ユーラシア大陸のほんとうの地平をみた気がして思わずメモを取りたくなる。

風は青く、空は深い。小高い丘の山々、はるか延吉を象徴する帽子山が遠望できる。ポプラの木立が川沿いに続く。高速道路のサービスエリアは建設中で労働者が瓦礫の跡かたづけをしている。トイレは「いこい」の場所だ。ハングル語と中国語の会話が飛び交う。しかし、まだペーパーは置いてない。トイレに鍵もない、実におおらかだ。二〇年前の北京の郊外にある万里の長城の八達嶺や中国華北農業試験場のトイレ環境と変わらない。かつて北京の郊外のトイレは低い板戸の囲いだけで、丸見えだった。しかし、今中国はトイレの改善は政府の至上命令とのことで全国的に改善が進みつつある。過去の旅のそんなことを想い出しながら、眺める風景は、「本当の地の果て」と思う。

昔読んだパールバックの『大地』を思い出した。「貧農の王龍が洪水による飢饉で南の町に逃れなければならなくなり、王龍一家はそこで乞食や車夫をして貧困に喘《あえ》ぐこととなった。その上、戦争が起きるが、偶然にも金持ちの家の扉に砲弾が当たり、王龍らは多くの銀貨を手に入れる。この銀貨や宝石で王龍一家は自らの土地に戻ることができた。帰ってからというもの、王龍は必死で働き、没落している黄家から土地を買い占め、ついにはいまだかつて無いほどの大富豪となる。しかし、王龍一家には身内から次々と不和や難問が起こり、やがて手にした土地を失うことになる」というストーリーであった。あの本からの舞台の大地を想像した以上の感動をもたらしてくれる。この大地はシベリアまでつづく、果てることなき大地なのだ。ユーラシア東端の島の隣人たちと遠い人類の先祖の土地かもしれない。親近感がわくのはなぜだろう。日本列島はこのユーラシア大陸の端から三〇〇〇万年前頃徐々に、二つに分離してできた同じ大地だからなのかもしれない。この大地に生きる人は今でも馬なくして移動などできない広く、深い土地であると強烈に感じた。

高速道路のサービスエリアと駐車場

瀋陽から延長約八〇〇キロの大陸の平原を日本海（中国・朝鮮半島では「東海」という）に向かって東に走り続けていることになる。高速道路はサービスエリアが約五〇キロ走ると配置されている。売店とトイレがあり、管理事務所の窓口があるだけで人影は疎《まば》らで少ない。ここまで来ると往復二車線で交通量も非常に少ない。道路沿いの両側にはコスモスが咲き乱れ、秋空と爽やかな日差しに見事に映えている。ほぼ同じ様式の建築物で作られ、ガソリンスタンドがセットになって設置されている。

吉林省の中でも延辺朝鮮族自治州が東部の広大な地域を占めている。延吉市は発展が目覚ましく、市庁舎は宮殿のような見事な建築物である。州の人民政府所在地は延吉市にあり、州人口は約二二〇万人のうち漢族が五九パーセントを占め、朝鮮族の割合は三九パーセントである。自治州の南西部に長白山（朝鮮では白頭山）が聳え、この朝鮮族の故郷の山から流れ出る図們江（朝鮮では豆満江）を国境にして朝鮮民主主義人民共和国（北朝鮮）咸鏡北道と接する。東はロシアの沿海地方、北は黒竜江省牡丹江市と接している。西は同じ吉林省の吉林市と通化市となっている。長白山は満州民族にとっても朝鮮族にとっても聖なる山とされている火山である。

全体に山がちの地形で、図們江流域にわずかに平地が開けている。ガイドさんによれば「北朝鮮から中国への入国する人は親戚の人などの制限はあるが、観光ビザをとり中国に入れる」とのことである。「仕事でくる人も多い。もちろん、政府からの派遣で入国する人はいる」とのことだ。

一方、延吉市の人口は約五五万人。住民は漢族、朝鮮族、満州族、回族など一九の民族からなっている。気候は大陸性気候で、年間平均気温六度、最高気温三七度、最低気温マイナス三二度。冬が長く、厳しい環境に暮らしている。降水量は年間五〇〇～七〇〇ミリメートル。ガイドブックによれば、この地の歴史は八世紀に渤海国が興り、朝鮮半島からの農民の移動は明代の末に遡る。清は王朝発祥の地として封禁政策を執《と》ったとある。十九世紀末に、ロシアが南下し、これを恐れて解除した。清国の末期には三ヵ国の国境地区となったとある。日本の満州国統治時代は間島州と呼ばれ、抗日運動が最も激しい場所の一つであった。中華人民共和国成立後、一九五五年十二月に延辺朝鮮族自治州となっている。現在は政治経済の中心都市であり、中国語より朝鮮語・ハングル語が多く語られている。

延吉市内の河川とロシア正教会の建物

北朝鮮との交易も盛んで市場には海産物も豊富で、白頭山観光の出発点となっている。また、過去の歴史ではロシアとの交易もあり、ロシア正教会の建物もある。二〇一五年九月には長春から琿春までの高速道路が開通し、並行して新幹線も延辺（延吉市）まで開通している。

延吉市には日本の敗戦後、ソ連軍の手によって第一収容所（俗称28収容所・元関東軍28部隊の駐屯地）や第二収容所（俗称６４６収容所・元第６４６部隊駐屯地、現在は中国人民解放軍の駐屯地）、第三病院（元間島陸軍病院。後に中国人民解放軍２２３医院。現在は「人民解放軍部隊医院」）が開かれているが、戦後日本人捕虜の集結地となったと

旧間島省延吉捕虜収容所があった付近で
車中より慰霊する一行

ころである。終戦後、日本人捕虜はここからシベリアに送られていった。文献によれば、一九四五年十二月三十一日午後、延吉捕虜収容所から一部の収容者二〇〇〇名余りの日本人が突然、釈放された。釈放は捕虜の食糧を確保できないためであったとも言われる。釈放されたのは主に朝鮮北部で拘束された人たちで、その中には後に小説家となる新田次郎も含まれていた。延吉で釈放された日本人の一部が平壌にたどりついた時の様子は、新田次郎の妻で作家の藤原ていさんが『流れる星は生きている――愛は死を越えて』の中で、三人の幼子を抱えて朝鮮半島の北から南まで、生き延びた悲惨な逃避行を詳しく書いている。再び戻った人の多くの人が朝鮮と長春へ向けて出発したが、それらの人々の多くは空腹と寒さのために犠牲になったといわれている。約一万人の日本人捕虜が犠牲になった史実は、地元ではほとんど知られておらず、日本人の埋葬地は、現在は住宅地となっている。延吉北部丘陵に建つ延辺科学技術大学の建設時に「主人のいない共同墓地」だったため、大量の人骨が出たことは広く知られている。

この収容所での日本人の死亡者は一九四六年四月十二日、合同慰霊祭を行った際に六八七六名、一九四八年六月までに八九〇〇名余りとされている。右の写真は、現在の中国軍の施設、戦時中は６４６部隊、戦後は延吉捕虜第二収容所のあった場所を通過する一行のバスの車内の様子である。

延吉市内の帽児山国家森林公園と展望台

今回の団員の東京の越智さんのお父さんは軍隊にいて、戦後ここに収容されていたが、昭和二十一年八月四日に亡くなられている所であった。また、団員の神奈川県の富安さんは姪に当たるが、伯父さんが昭和二十一年三月十八日に第一病院で亡くなられた町でもあった。

市内ではバスの中から全員が建物に向かって拝礼を行った。そして、一行のバスは延吉市の市内の中央を流れるフルハト河（布爾哈通河）を渡ると帽児山国家森林公園、中国朝鮮族民族園があり市内を見渡せる展望台に到着した。この帽児山の小径の松林の中で瀋陽の山口さんと同様に祈りの場所をつくり、お二人の故人を偲び慰霊を行った。

市民のいこいの公園と見えて観光バス、自家用車で見える観光客が多い。しかし、林の中は食べ残したビニールごみなどが残されていて公共の場のモラル感覚が心配であった。夕闇迫る市内に戻ると河岸の建築物は電飾の鮮やかな夕闇の街であった。

一行は「満園春」というレストランで夕食を取った。その夜は、古風で重厚な趣のある「延吉延辺国際飯店」で宿泊した。ロビーの壁に飾られたロシア風絵画と大時計が特に印象的であった。

ホテルでベッドに入りながら、明日はいよいよ、伯父の仁さんが眠っている場所に行くのかと思うと少し興奮する。明日、慰霊に向かう延吉市は、張鼓峯《ちょうこほう》事件で戦死した伯父 土屋仁が昭和十二年（一九三七）十一月、陸軍大島部隊に入営するまで満州国間島州延吉市の官吏として働きはじめ、仁の伯父 尾崎吉助医師の家に住んでいたところだ。どんな生活をしていたのだろう。勤務は二年ばかり、応召を受けて信州の実家に一時帰郷することもなく入営している。なぜ、一旦帰国しなかったのだろう。彼は実家の料亭高砂屋を継ぐことになっていたが、満州の伯父の妻が列車事故に遭い、子供たちの世話が必要となり急きょ旧満州に渡っていた。入営の一年前、昭和十一年（一九三六）十一月、仁の祖父 土屋千助は満州に渡った孫を心配し、仁に励ましの手紙を送っていたことがある。その中には「第一に、防寒、第二に、土ヒ（匪賊）の襲来、第三に、伯父夫妻其の他賜従《しじゅう》、第四に、就職先に懸命なること。帝国男子タルガ故に潔キヨリ決心セラルベシ。」などと生活の心得と励ましの手紙を送っていた。最後には、「帝国日本の貿易、世界各国に及ぶという。国という後ろ楯あり（夷譲）」とまで記していた。

延吉駅は新幹線の延辺駅（新延吉駅）完成によって静かな佇まいの駅となった

夕食後、伯父や祖母の兄が何度となく立ち止まったことであろう延吉駅を見学した。ロータリーの前に建つレストランなどの電飾が建物の輪郭をくっきりと示していた。延吉駅は落ち着きのある建物で、静かな佇《たたず》まいであった。そこに、突然、夜空を突き破る爆音が走った。中国の戦闘機が低く上空を走り一時緊張した。やはり、北朝鮮やロシアの国境に近い街なのだ。地図で見ると延吉駅の西方には中国空軍の南方航空延吉基地が近くにあることがわかった。新幹線の延辺駅（新延吉駅）がフルハト河の対岸の北側に完成したので、こちらは少し寂しい駅となったとガイドの女性が教えてくれた。

発展目覚ましい延吉市と庁舎

第四章　旧満州辺境の国境地帯を行く

——延吉から図們・琿春・張鼓峯へ

　三日目の翌朝、延吉延辺国際飯店を後にする。バスは高速道路を約五〇キロほど走り続けた。次第に地平線から小高い山々や小河川が見え、やがて大河・図們江（朝鮮名・豆満江）が蛇行している図們市に入っていった。図們《ともん》は北朝鮮と中国の国境の町であり、図們江を挟んだ北朝鮮の山々と台地が眼前に広がっている。中国東北部の中でも白頭山から西の国境を流れる鴨緑江の丹東市と並び東の朝鮮族自治州の図們市は北朝鮮との窓口となっている街である。

　図們は人口十二万人の小さい街であるが、ガイド本によれば朝鮮族が五九パーセント、漢族四〇パーセントと圧倒的にハングル語の文化圏の街である。図們江周辺の公園にはみやげもの店、カフェ、博物館がある。ガイドさんによれば、この町は高速道路や新幹線ができたが、北朝鮮と経済交流が少なく以前より街に活気がないとのことであった。しかし、図們江の畔の公園は観光客もおり、水辺の遊覧船も開店している。遊覧船は係留されていたが対岸の水辺や朝鮮の山々を眺めながら食事も愉しめる施設があった。夏季、遊覧コースは二〇分ほどで、乗船料は一人六〇元（約一〇〇〇円）とある。図們江は冬季には氷結してしまうので、夏季のみの営業とある。乗客は中国国内のレジャー客や韓国、モンゴルからの旅行者が多いようだ。更に、川辺の遊覧船乗り場から河岸を上流に歩くと、国境に掛かる図們大橋がある。橋の入り口は図們口岸（国境検問所）があり中国軍によって通行は管理されている。また、出入国の検査所があり、税関、検疫の設備などがある。対岸は朝鮮民主主義人民共和国咸鏡北道穏城郡南陽の町となっている。この橋は戦中一九四一年、日本によって建設され、兵隊や大陸に渡った日本人は印象深いところだろう。橋の見学について観光ガイド本には、旅行者は入場券が買えないとあったが、今は、このゲート屋上の展望台には二五元を払うと誰でも入ることができ橋の途中まで行くことができた。橋はトラックが行き交い、展望台には望遠鏡がセットされ、物珍しさも加わり、多くの参加者が北朝鮮の街や山々の様子を眺めた。対岸の大きな建物には金日成の肖像画が張り付けられているのが望遠カメラでも確認できる。人影は少ないが河岸では犬を散歩に連れている人も見える。また、この図們大橋が隣接する上流側では新しい橋の建設を中国側から進めていた。一行はその工事現場を見ることができた。橋は橋台の工事中で、鉄筋の建込、仮設工事で川の水を切り回している。工法はどこの国も変わらない方法である。やがて橋が対岸に届けば、一層の交易・交流が進むことを念頭において進めていることがわかる。新しい図們大橋の建設と遊覧船の利用は、現下の緊張感を感じさせないイミグレーションであった。中国の進める「一帯一路」のユーラシア大陸の東玄関の一つとなるのかもしれない。

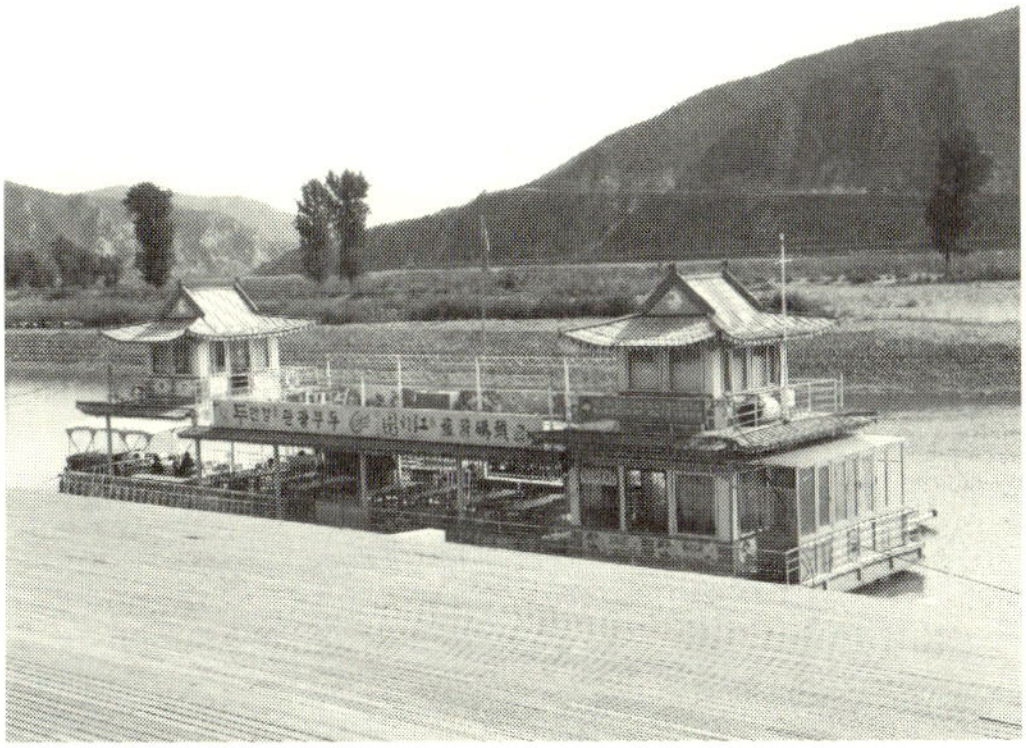

図們江広場と水辺の遊覧船乗り場
対岸は北朝鮮の南陽町の山々

1941 年日本軍が建設した図們大橋と
建設中の中国の新大橋。対岸は北朝鮮南陽の町。
（カメラは国境検問所の展望台）

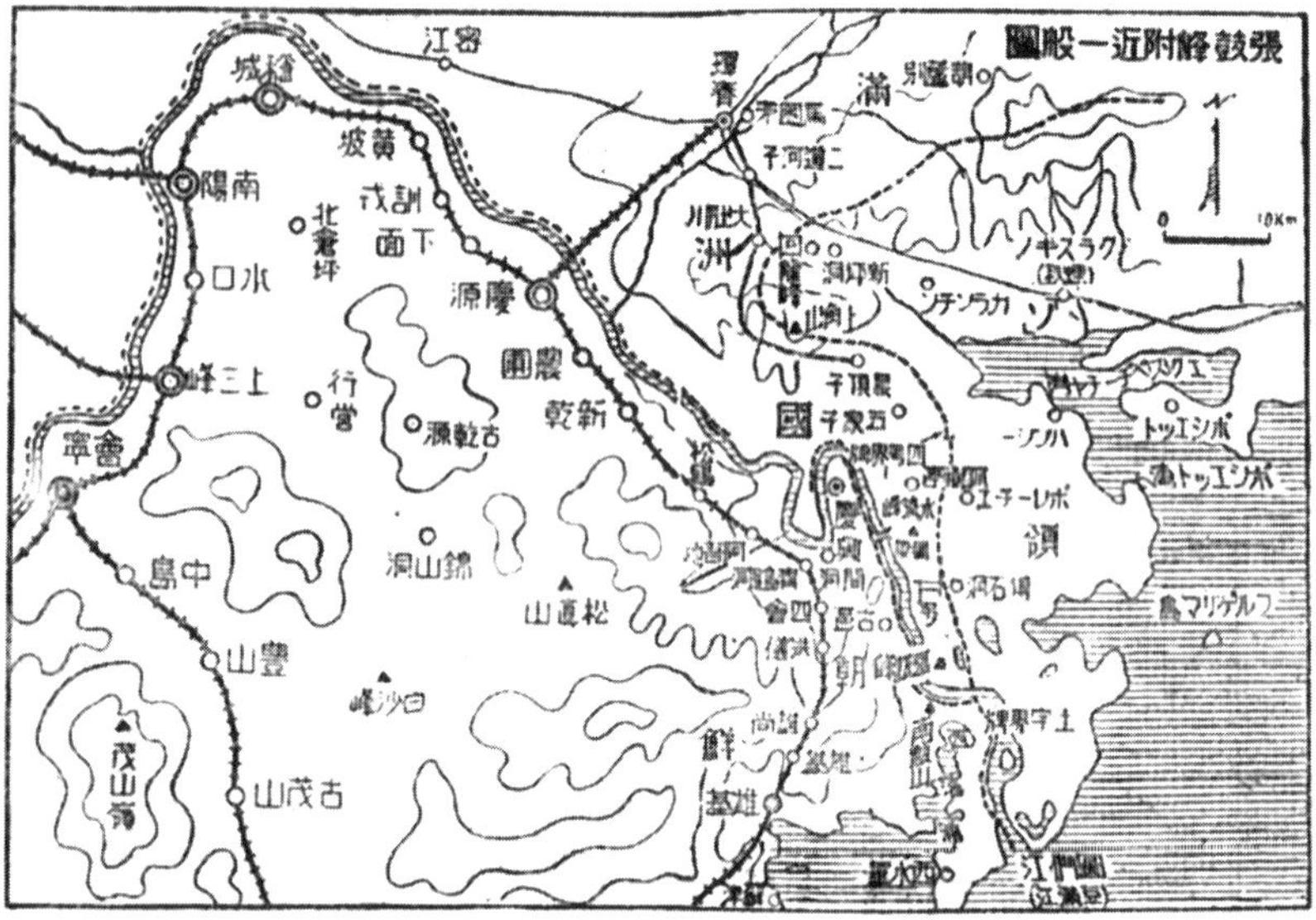

旧ソ満朝の国境（図們江）・張鼓峯付近
（『張鼓峰事件　陣中美談』秋永部隊編、昭和 14 年 8 月、村上幸三郎発行）

戦前、満鉄時代は日本が支配していたとき、軍隊、物資輸送のために日本が建設し、一九三三年九月、長春（新京）から図們間の京図線が全通していた。この時、すでに朝鮮咸鏡北道北部の鉄道は同年八月に全通していて、朝鮮側の図們線（雄基—会寧）と接続していた。日本海の朝鮮の雄基・羅津・清津の港は日本の新潟・敦賀などの諸港と航路で結ばれ、「日満新航交通路」「北朝ルート」と喧伝されていたところであった（糟谷、二〇一五）。

伯父（仁）の所属した朝鮮軍の部隊は鉄道ルートを図們江に沿って日本海の河口に近い、中ソ国境の張鼓峯《ちょうこほう》に向かって前進していた。この橋は日本が占領し、支配していたとき、このルートは日本軍隊が朝鮮の日本海に面した羅津から貨車輸送して満鉄に接続していた街であり、満州に渡ったり、戦後は敗走した数多くの日本人にとっても忘れられない光景だろう。大陸の川は国境を越えて流れ、川に棲む生きものには国境はない。しかし、何事もない様子であったが、緊張した国際関係の一端が窺える。筆者には七三年前の日中戦争の大戦下の光景を想像することができる貴重な場所であった。

図們の街を離れ本日の慰霊地をめざし密江嶺（図們市）、防川村の張鼓峯（琿春市）に向かう。ここから先は少し警備が厳しくなってきた。バスが途中のゲートで停車すると中国の交通警察が一行のバスに乗車し、ガイドさんと話している。観光目的で来ていることを確認している様子でもある。その後「カメラは対岸の北朝鮮側に向けないように」とアナウンスされ緊張した気分が漂う。しばらく走ると密江川を渡り、琿春市に入る手前は長い上りの山路が続いた。この山の密江嶺のトンネルの手前は、本日の遺族代表の京都の吉里さんのお父さんが一九四五年八月十九日に戦死されたところである。終戦日より四日後のことである。ソ連の戦車部隊と対決した峠の戦いがあったという。季節は秋であるが、草いきれの夏の空気が漂う。バスは街道から降りると、河畔に近いところはハリエンジュや草木が生い茂っている。一行は周辺の秋の草花を手向け小路の空き地に、遺影と供物を用意し、慰霊を行った。戦死した八月を想わせる暑さだった。

豆満江と朝鮮の山々

澄み渡る青空のもと一行は、筆者の伯父の慰霊の地を目指して出発した。琿春市の街に入る手前から防川村に向かう道路では軍関係の警備が更に厳しく感じられた。ガイドさんと本日ガイドに加わってくれた地元の学生が忙しく降車し、更に運転手まで降車して、警備の兵士と会話している。ゲートチェックの中国兵士の指示を受けているようだ。彼らが戻ってわかったことは、「防川地域では中国軍の演習が本日午後三時から行われる」との情報が入った。この三ヵ国の国境地域である防川村は近年、観光の象徴でもある防川展望台もできている。川や湖水の利用を目的とした「観光に投資している民間人が多くなった」とガイドさんは言っていたが、かつて極東アジアの端で戦禍のあったこの地も、今はここには『平和』と『戦争』が併存しているように思えた。

図們江に沿った道路をひたすら走り続けた。車窓からは右岸に北朝鮮の小高い山々と草原の山麓には集落も見えるが人影は少ない。やがて人家は少なくなり、起伏のある草原大地と小規模の湖沼が延々と続いた。図們江の川幅は下流で徐々に広くなり七〇〇㍍程度となり、川は大きく湾曲し、対岸は砂州が発達している。左岸の中国側は川が深い。河幅の中心が国境と思われるが、左岸沿いの河岸と路肩には有刺鉄線が延々と続いている。河畔の樹林は柳、ハリエンジュが所々に見える。やがて道路は狭くなり、あちらこちらに湿地帯の池が出現する。樹林や藪のなかから養蜂の店の看板が多く見える。花の少ない秋の季節に不似合いな養蜂店が多いが人影は少ない。

張鼓峯事件記念館

　やがて、防川村の張鼓峯《ちょうこほう》に近づくにつれ、朝鮮族の人々が多く暮らす民家も見える。屋根は低いが平屋の寄棟づくりのような構えで、四方の黒い屋根の庇やエッジは白のラインで縁取られ裾が跳ね上がった造りになっている。中国満人の赤色系の家屋とは異なり、それとすぐ識別できる。バスは図們江を右に、左にロシア国境に挟まれた小高い丘や湖水がつづき、綱渡りのように細いコンクリート舗装の道路を行く。遠方には観光客の自動車も駐車している。

やがて張鼓峯の小高い山をバックにした「張鼓峯事件記念館」に到着した。到着直後、慰霊の場所を探したが、山極に民家や畑地があり、平地のため森林などの遮る所は見当たらない。他の観光客もみえているようだ。その上、中国軍の演習時間も迫っている。そのため、慰霊は状況次第で行うということで、一行は先に、入場料を払い記念館を見学することにした。中国人ガイドに案内されて入館した。

ここには張鼓峯《ちょうこほう》周辺で戦った生々しい日本軍・旧ソ連軍の写真、遺品が展示されていた。いままで目にしたことがない貴重な展示と写真を見つけた。伯父が所属していた部隊の写真がある。すべての写真を食い入るように探したが、伯父らしい顔は見当たらない。この地で発掘された軍隊の機関銃や銃弾、兵士の鉄兜、兵士の所持品など、日本兵とソ連兵の激戦の跡が荒涼と続く。戦闘や戦い直後の陸軍幹部の様子を引き伸ばした大きな写真で見ることができた。戦車、飛行機の爆撃の写真、錆びついた日本刀、歪んだ飯盒や水筒、手榴弾などの遺品は、リアルな戦下の痕跡を物語っている。いまでも研究者によって発掘調査が行われている。

建物の奥から外にでると張鼓峯が日の前に現れた。そこには戦いの慰霊碑があり中国語で書かれていた。その脇には壊れた井戸の手押しポンプがあり民家の跡と思われる。慰霊碑の背景には正面に張鼓峯、左に将軍峯、更にその奥には沙草峰がつづき、僅か五〇〇《メートル》先に小

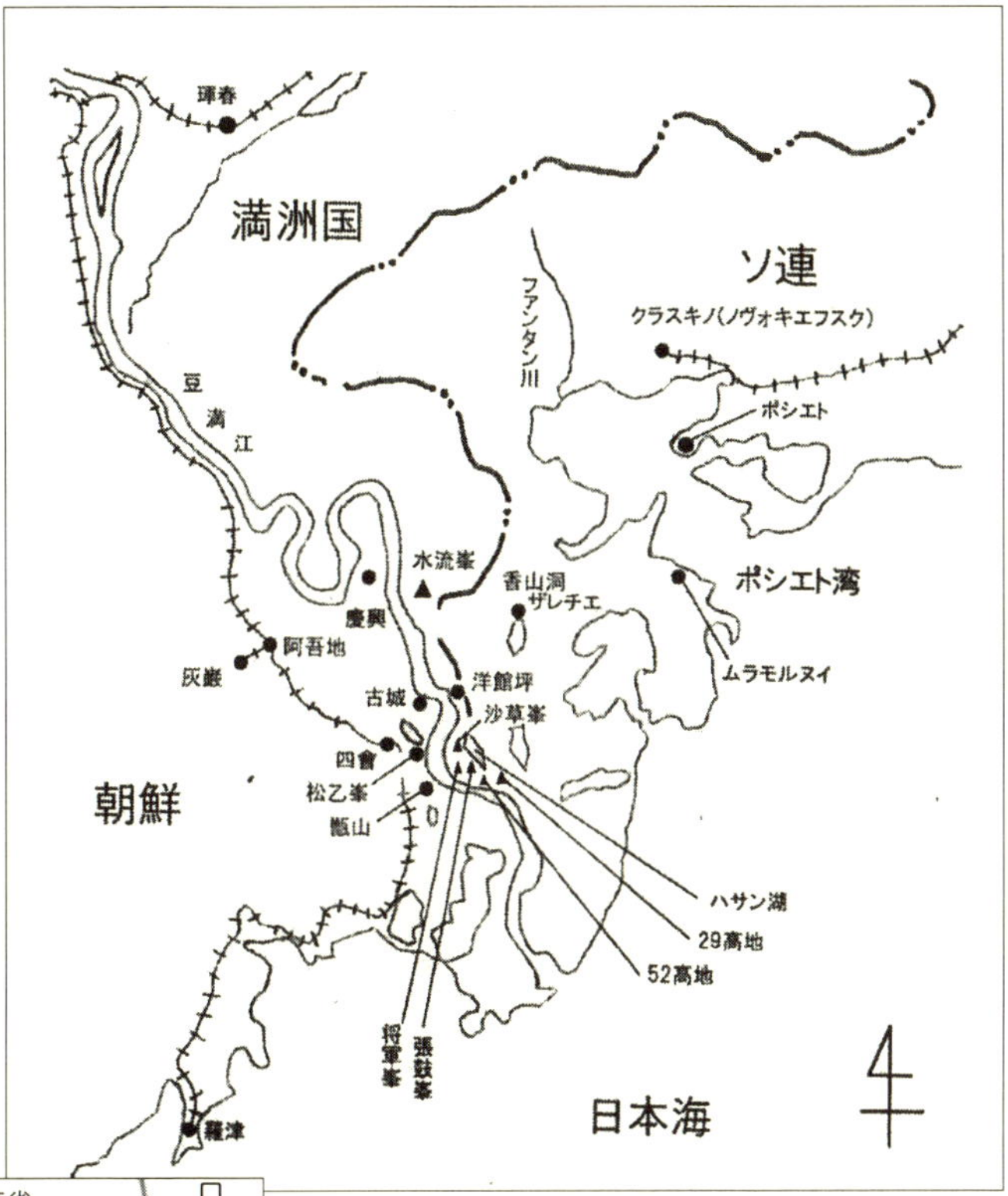

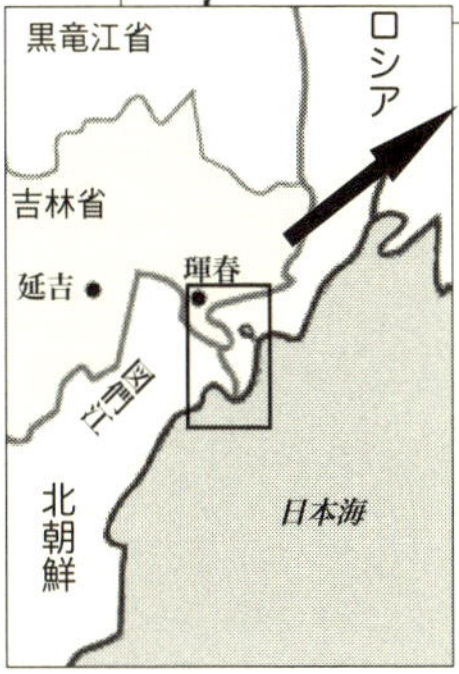

張鼓峯とソ連満州国境・沿海州
(『日ソ張鼓峯事件史』笠原孝太著、錦正社)

張鼓峯事件記念碑と後方は張鼓峯

高い丘陵が連なっている。その稜線の峰から先はロシアである。

女性職員が丁寧にこの地のことを説明してくれた。内容は当時の日本帝国主義を批判したものであり、ここから発掘された戦争の遺品を示すことにより、歴史を明確にし、戦争の事実を知ることの重要性を述べていた。また、十九世紀の清国時代から極東アジアへのロシアの南下政策によるこの地の歴史的な領土問題も存在していたことも付け加えていた。日本の観光客への配慮かもしれないと思った。現在、排外主義的になりがちな国際社会においてその時代ごとの歴史を正しく、客観的に伝える姿勢は重要なことだ。

この記念館は戦前の日本帝国主義の軍隊と闘った中国の「抗日闘争勝利七〇周年記念（一九四五―二〇一五）」として位置づけられている。そこには、中国を支援した旧ソ連軍の戦いの記録、日本軍との戦いの記録が鮮明な映像や写真が展示されていた。しかし、まだ埋没している多数の資料がこの張鼓峯周辺にあるという。この記念館は満州事変以来の極東の地を代表する日本（軍）の十五年戦争の最初の痕跡であり、これらを明らかにし後世の人々に伝えることが使命であると思った。また、ここは民族としては朝鮮族の地であり戦禍に追い立てられ犠牲となった防川村の集落は朝鮮族の人々が戻り、今も生活している。石碑の説明は台石の正面にも中国語で書かれている。この記念館で収集した資料の中の説明によるとこの墓碑には次のように書かれている。（）内の訳は加藤徹氏による。

石碑

「譲人類遠離戦争」（人類をして戦争から離れしめよ）

「流蕩在異国他郷的亡霊、安息〔口巴〕！」（異国他郷をさすらう霊魂よ、安らかなれ！）

台座

「二〇〇四年駐軍某部沙草峰光纜施行中、抱掘出張鼓峰事件陳亡者赤軍遺骸、遺物」

（二〇〇四年、中国の軍人が沙草峰の光ケーブル工事を行っていたとき、張鼓峰事件の陣没者赤軍の遺品と遺骸を発見した。遺品は展示館に陳列してある。）

「珍愛生命、祈禱和平、魂今安息、持立此碑、勤石以志」

（命を愛惜し、平和を祈念す、魂よ　安らかなれ。
特にこの石碑を立て、石に刻んで記すものなり。）
「張鼓峰事件戦地展覧館監制、琿春東北石材公司建立」

この墓碑からわかったことは主に、赤軍（旧ソ連軍）の遺骸、遺物が掘り出されているということである。また、この記念館の後述する資料には戦死した旧ソ連兵士を政府や遺族が慰霊する記念碑がハサン湖（哈桑湖）を見下ろす丘にあり、この張鼓峯からも眼下に見える位置にある。日本では、一九七二年日中国交回復から半世紀になるが、犠牲になった日本兵士らを慰霊するメモリアルな碑はいまだに設置されていない。遺骨・遺品さえ収集がなされていないのである。ポツダム宣言を受諾した敗戦国日本は、中国国内では戦いの傷跡とその実態を今日まで明らかにできないでいる。真の日中友好のためには、この中国本土、旧満州、朝鮮半島における日本兵と日本の戦争の実態を史実として明らかにすることではないかと思う。それなしには戦後七三年の歴史認識をクリアにすることはできないであろう。

筆者は、張鼓峯事件記念館はgoogleを使って、この辺境の地をリサーチし確認していた。この時、張鼓峯付近には破壊された多数のトーチカ、ハングル語で書かれた大きな墓地もあることを確認していた。しかし、今回は国境でもあり、時間の都合もあり、その現地を確認することはできない。実際、墓碑の前に立ち、いまから七十九年前に伯父がここで戦い戦死したことを想像することもできない辺境の地であった。

一行は、中国軍の演習時間が始まる前に、この記念館を後にし、琿春市へ向かった。筆者の遺族の団体慰霊はこのように現地で行うことはできなかった。しかし、その日の夕刻、琿春市のホテルの一室で行うことになった。団員とともに用意してきた遺影と伯父の好きだった鮭（燻製）をお供えし、線香を手向けた。祖父母、兄弟が果たせなかった思いを胸の内に刻んだ。

その夜、宿泊したホテル「琿春希弥頓酒店」のロビーは、飾り気は無いが、落ち着いたシックなロシア風のホテルであった。ロビーの大壁に北京一八時四〇分、巴黎《パリ》零時四〇分など世界の都市の時間を示していたのが印象的だった。韓国、モンゴル人など海外の旅行者らも宿泊していた。

赤軍の砲弾痕跡　張鼓峯
昭和 13 年 8 月 11 日休戦後

(『張鼓峯事件　陣中美談』秋永部隊編、昭和 14 年 8 月、村上幸三郎発行)

第五章　張鼓峯事件と伯父の戦死

今回、中国東北地方友好訪中団の延吉《えんきつ》市、琿春《こんしゅん》市をはじめとする慰霊の地は旧満州の中でも、厚労省も初めて足を踏み入れる場所であると団長さんがいう。したがって、この紀行記から少し外れ、日本軍と旧ソ連赤軍とのこの地の戦いの中心となった張鼓峯事件について解説する必要がある。この事件はどのような戦争であったのか知らなければならない。また、この地はなぜ訪問が遅れたのか。この辺境の地に慰霊の旅に来ることになったのか、これまでの経過を説明しなければならないと考える。

はじめに、この事件の戦前の歴史の経過をたどらなければならない。

昭和十二年（一九三七）七月、日中戦争の発端となった盧溝橋事件が勃発した。即ち、当時の支那事変である。これを発端に戦況は現中国の華北地方周辺へと拡大していった。更に、八月の第二次上海事変勃発以後は現中国の華中地方へも飛び火、次第に中国大陸全土へ

張鼓峯から南方を臨む三国の国境地帯
左からロシア（ハサン湖）・中国・朝鮮（北朝鮮）
遠方には豆満江に架かる国際鉄橋と下流は日本海

と拡大し、日本と中華民国の戦争の様相を呈していった。

旧ソ連は空軍志願隊を送り、中華民国側を援護した。張鼓峯の戦いは盧溝橋事件の翌年、昭和十三年（一九三八）七月二十九日から八月十一日にかけて満州国東南端の張鼓峯《ちょうこほう》で発生した旧ソ連軍との国境紛争である。旧ソ連はハサン湖事件と呼んでいる。この事件の翌年にはノモンハン事件（昭和十四年〈一九三九〉七月一日～九月十六日）があり、張鼓峯の戦いは旧ソ連軍との前哨戦でもあった。今では旧ソ連は戦いの犠牲者の慰霊碑はハサン湖を臨む東の丘に建てられている。

張鼓峯は満州領が朝鮮（現北朝鮮）と旧ソ連領の間に、鳥の嘴《くちばし》のように食い込んだ部分にある標高一五〇〇㍍ほどの丘陵である。北西方面からは中国と北朝鮮の国境の白頭山から発する豆満江が日本海に南流している。この蛇行した大河が中国・北朝鮮・ロシアとの国境であり、日本海に注ぐ地である。張鼓峯から三㌔ほど下流には北朝鮮とロシアを結ぶ長橋の国際鉄橋が見える。この鉄道はハバロフスクまでつづくシベリア鉄道の入り口である。

日中戦争の最初の大規模な激突となった満州辺境の地は旧ソ連との戦闘であり、伯父はこの張鼓峯事件で戦死した。この戦を当時の新聞報道の取り上げ方や、戦闘後の陸軍と師団長の対応に対して家族は何を考え、どのような哀しい思いがあったのだろう。筆者は資料をもとに別冊に上梓していた『中仙道追分茶屋物語』（かもがわ出版、二〇一七年五月）の中から少し長いが、その後の調査を加えて説明することにする。

「当時、旧ソ連は、境界線は張鼓峯頂上を通過していると考え、日本側は、張鼓峯頂上は満州領であるとの見解であった。この方面の防衛は、満州では関東軍、朝鮮は朝鮮軍（京城）が担当していたが、日本は国境不確定地帯として張鼓峯頂上に兵力を配置していなかった。しかし、昭和十二年（一九三七）七月の盧溝橋事件に続く、これらの戦いは中国各地に拡大されていった。激しい戦いがはじまるとすぐに、前年の秋の終わりの昭和十二年（一九三七）十一月伯父・仁に召集令状が届いた。その翌月、十二月一日までに陸軍大島部隊入営の出頭命令が下された。郷里の父母に連絡するが、入営までの日にちが少なく、ただちに日本に帰国し家族にあうこともできないままその日を迎えた。満州国延吉市の勤務は二年足らずで、昭和十二年（一九三七）十二月十六日、現役兵として歩兵第75連隊第二機関銃中隊（朝鮮軍）に入営した。そして、同日には旧ソ満国境の警備および豆満江周辺の警備の任務に就いた。」

もともと朝鮮駐屯の日本軍の歴史は日露戦争勃発の一九〇四年三月の韓国駐箚《ちゅうさつぐん》軍の編成に始まっている。一九四五年二月の朝鮮軍が解体した大東亜戦争（太平洋戦争）の敗戦まで約四十年間、日本は朝鮮半島の統治を続けてきた。朝鮮軍司令部は平壌にあり、第19師団の師団司令部は羅南《らなん》におかれ、豆満江周辺の国境防衛を任務とし、配下の第75連隊は会寧《かいねい》に置かれていた。また、第20師団の師団司令部は龍山に置かれ、鴨緑江周辺の国境防衛と治安維持が任務であった。一九一〇年八月の日韓併合により韓国駐箚軍は改編され、一九一八年六月朝鮮軍と改称している。陸軍の兵力量は平時二五個師団、戦時五十個師団が置かれ、部隊は朝鮮全土に一〇〇箇所以上に分散配置されていた（『朝鮮駐屯日本軍の実像・治安・防衛・帝国』戸部良一著）。

日中戦争は開始されたばかりであったが、長男 仁には家族や国のために戦うことには何

伯父が入隊した会寧歩兵75連隊全景図（伯父の遺品より）

の疑問もなかった。旧制中学校の授業で受けた教練と教育勅語によって皇国日本の軍国青年となっていた。戦いの初期であり、外地からの応召のため郷里の父母との別れもなく、郷里の兄妹や友人に見送られることもなかった。延吉市内の病院に勤務していた医師の尾崎伯父が駆けつけ市役所の日本人に励まされながら入営した。

翌年の昭和十三年（一九三八）七月十六日、応急派兵が下令された。戦いは日増しに激しくなり、伯父の戦意は高くなり、死の覚悟が読み取れる日記を残していた。入営の翌年、昭和十三年（一九三八）八月十日、ソ満国境の張鼓峯の戦いで旧ソ連の赤軍と戦い、敵戦車に爆弾を抱えて突入し戦死したと伝えられている。行年二十三歳であった。両国の休戦協定は伯父の死の翌日八月十一日に行われた。

陸軍は彼が戦死する四日前までの詳細な手記が残されていたことを知った。戦死から二ヵ月後、東京日日新聞社・大阪毎日新聞社（現　毎日新聞社）の「東日時局情報」（昭和十三年十月八日発行）は「血のにじむ一兵士の手記」として戦死した土屋仁上等兵の七月二十五日から八月六日までの戦いの手記を全て掲載した。その一部を紹介する。○印は伏字となっている。

七月三十日、今日はとても寝むれず一睡もしなかったので寝むたいのも無理はない。久しぶりの満語少し忘れたようだ。宿舎前の馬場にて談笑。

八月二日、○砲陣地進入、馬繋場移転、様々な戦況を聞く。昨夜は張鼓峯方面に物々しい砲声を聞いた。○○隊は興奮していることだろう。この次はいよいよ俺たちの番だ。死はすでに覚悟の上、ただ一度でもよい。敵に向かって射たずには、死すとも死に切れない。俺の命日は今日か、明日か、アハハハ……面白くなって来た。どうしても演習の気分が抜けることが出来ない。今日も対空監視、一日中敵陣とにらめっこだ。可愛らしい子供と遊ぶ、「休幾歳児」なんていうと、てれてよちよち逃げていく。とても暑い。八月初旬の日光は吾々の頭上に直射するので銃を移転せねばならぬ。一時敵機十五機出現。吾らの以前進出した張鼓峯はついに爆撃された。（中略）二時、三時、四時と続き、敵がやって来る。流水浦に対して地上攻撃をやっているのが眼鏡ではっきり見える。続いて、流水浦は敵砲兵の目標になった。砲弾は周囲に落下して土煙がもうもうと立ち上がる。敵の夜間爆撃もなく八月二日を迎えた。

午前七時四十分、吾々対空監視所は敵爆撃機現出前、約三百米の地点に約四十個の爆弾を落下させた。土煙は三、四十米《メートル》も吹き上げられている。次第にこちらにやって来た。頭の上で異様なる音がするも爆弾の投下はなく、発射したのも敵は雲の上、姿さえ見えたなら射てるのだが……、八時再び上空に現れた。

昨日は古城子の方面にて敵機二個爆撃せり。これに恐れてか敵は決して低空飛行をしない。二、三千米《メートル》の高度から爆弾の投下をやっている。

八時三十分、友軍飛行機の爆音らしきものが聞こえたが、姿は見えぬ。鮮人は昨日まではなにも知らなかったが、今日はあわてふためいて逃げ始めた。家族を連れ、牛を連れ様々だ。生に執着を有する彼らは当然だ。人心の動揺を忘れて極力防止につとむるが、「早くこの戦地より逃げて幸福に暮らせ」と心に祈る。午前二時、流水浦は再び、敵砲兵の目標となり砲撃を受けている。

八月三日、午前一時沙草坪出発、三時半慶興、国際鉄橋に到着、豆満江岸に進んで、流水浦の裏に到着。眼前に敵が見える。わが小隊はもう一つの山に前進す。敵弾が盛んに落下してくる。夜が明けはなれると同時に戦闘は開かれたのだ。弾が飛び敵弾が落下し始めて闘いらしくなる。生死を超越した行動は何ともいうことはできない。実に偉いものだ。人生五十年だれも一度は死するのだ。伯母様、今は、自分は死なんてことは何とも思っていません。自分の犠牲によって兄弟、家族を幸福に暮らせることが出来、果ては世の人、国のためになるのです。民族永遠の平和を得ることが出来るのです。一つの犠牲なくしては百の幸福は持てません。班長殿は「戦車を分捕る」なんて口癖にいわれている。一つ取りたいものだ。

流水浦から豆満江岸伝い、慶興着午前二時四会着、豆満江渡河、張鼓峯下に到着、敵砲弾は前後左右無数に落下す。夕方に至り益々激し、一日中何も口にせず腹が空いて動けない。今日は敵機三機偵察に来る他爆撃無し。豆満江の沿岸に飲料水を得るため穴を掘って水を得るも濁ってよくない。裏山に砲弾二、三十発落下、前進するも敵弾なし。前進、前進日本軍は強い、退くことがない。

八月五日、今日は一日中敵砲弾の集中火に会うも濠を掘って隠れている。

八月六日、今日は朝から何万発かの砲撃に遭うも被害なし。午後二時、特に益々激しくなり数十台からなる爆撃機のため爆撃を受く。齋藤二等兵殿即死、敵は次第に接近して来る。小銃弾、砲弾は前後左右に飛ぶ。敵は兵力を増して漸次進近した。吾々もいまが最期だと思うと今は頭も冷静だ。皆ニコニコ笑って落ち着いたものだ。小隊長の命令で、乾パンを食って腹ごしらえ。敵戦車が無数に現れた。ああわれらの後方に回った。敵の戦車が一台火を噴いて止まった。

日記はここまでで終わっている。戦いの激しくなる中、死の直前までどのような困難な状態にあったのか推測するしかない。しかし手記の中で、長男は「日本帝国、国家百年の大計を樹立せねばならぬのでわないか」「そのためには自分は死なんてことは何とも思っていません。」というここまで覚悟を決めさせることができた当時の社会と学校教育で洗脳されていたことに恐ろしさを禁じ得ない。旧憲法のもとであっても教育者の果たした責任は極めて重いものがある。全国の旧制中学をはじめ専門学校の軍事教育は軍事教練として学校授業に持ち込まれていた。明治からの天皇制の国家体制とその権力によって軍国主義教育の集団催眠術にかけられていた長男 仁と同様に徴兵され、多くの青年たちの尊い命を死に追いやっていたのだ。

「戦死後、陸軍中将尾高亀蔵師団長が四本の巻紙に揮毫し、次のような歌を遺族に寄せている。戦死した翌年、この歌を刻んだ石碑が菩提寺である軽井沢追分の泉洞寺に、陸軍が建立している。表面には陸軍上等兵、勲八等・功七級、土屋仁墓、従五位三等佐藤長州書とある。皇国軍隊の象徴である黒御影石の大墓碑の裏には陸軍中将尾高亀蔵師団長の歌が刻まれている。表面の名前を揮毫した佐藤長州先生は、実名が寅太郎、慶応弐年の生まれ、長野師範第一回卒業、大正時代に衆院議員、戦前の昭和七年には信濃教育会会長に八選し、旧制岩村田中学校長、旧岩村田高等女学校長を務め、戦死した伯父の母校の校長でもあった。
裏面の揮毫は旧制岩村田中学校教諭柳沢正直先生であった。このような黒御影石の大墓碑が建立された詳しい経緯は不明のままである。今も堀辰雄が愛した野仏の前で、父母らの墓とともに建っている。

陸軍中将尾高亀蔵師団長閣下即詠
特に寄せられたる歌
津浪か嵐か　戦車が寄する　若き桜乃益良夫が爆弾抱いて勇み立つ
今が最期と覚悟をきめりや　同じ心か　戦友も　にっこり笑うて　手を握る
見事に　私は戦死を志ます　誉めて下さい　おかあ様　妹頼むぞ　孝行を
昭和十三年張鼓峰に於いて勇戦壮烈な戦死に従うこと　土屋仁君の日記を見る
尾高生書　印
義観院勇嶽顕忠居士位
昭和十三年八月十日　戦死　行年二十三歳

この師団長の歌の内容は伯父 仁が残した手記をみると必ずしも軍隊内の彼の行動内容をすべて正確に表現したものではないことがわかる。陸軍が名誉な戦死を遂げた兵士を讃えたことと、同時に遺族への哀悼の意を示したものであることは確かであった。しかし、日本は、これからの本格的な日中戦争を遂行するために、軍隊兵士の士気の昂揚と銃後の皇国日本の国民精神を鼓舞し、国民の国家と軍への信頼を繋ぎ止めるためのモディファイした『弔文歌』だったのではないかとも読み取れる。」

筆者は戦死した伯父（仁）の逸話や生前のことを祖母や父からいつも聞いて育ち、子供の頃から墓参りをしてきた。戦後NHKの尋ね人の時間があった。祖母は戦死した長男（仁）と三男（文三郎はインパール作戦に参加し戦病死）が帰って来るかもしれないと期待し、ラジオを夢中に聞いていたことを思い出す。

祖父母、父らの念願を叶えて、筆者がこの慰霊の地に足を踏み入れたのである。伯父（仁）は祖父や父母らから料亭・高砂屋を営む後継ぎとして期待されていた長男であった。しかし、その間の社会は、昭和十三年（一九三八）の第一次近衛内閣による国家総動員法が制定され、物資の統制、配給、消費、物品の移動から言論・出版まで制限された。また、昭和十六年（一九四一）八月には金属回収令が発せられた。これは料亭・高砂屋にとって使用人の徴集と食材の品不足、更に鍋釜の供出は倒産を意味した。そのため三男は旧制中学の途中から働くことを余儀なくされ、実家で店の手伝いしていたが、やがて軍属として上海、武漢などで働き家計を助けた。更に、昭和十六年一月からは志願兵となりシンガポール、マレーなどの南方戦線に従軍し、緬甸《めんでん》（ビルマ）のインパール作戦に参加した後の昭和十九年十月にマンダレーで戦病死した。この間、給与の半分以上を実家の生活を支えるため送金し続けた。父母の料亭・高砂屋はすでに使用人も応召され戦地へいった。両親は深い悲しみと失望のどん底に落とされ、商売を続けることはできず倒産した。更に、引用が続く。

「長男仁の戦死の翌年、戦没者慰安靖国神社臨時大祭が昭和十五年（一九四〇年十月十一日～二十六日）靖国神社で大規模に行われた。このときは高砂屋の父浩三、母とくと次女夏子が東京まで信越線の機関車で六時間かけて参列した。靖国神社の鳥居の両側の広場には全国の自治体、地域ごとに地面に敷かれた御座に座り開会をまった。父浩三、母とくはどんな思いで参列したのだろう。全国の遺族とともに参列し、靖国神社に初めて足を踏み入れたが緊張することはなかった。賑々しく行われた式典だったが、言う言葉もない。息子は軍人として栄誉ある戦死を遂げ、代わりに勲章と慰霊墓碑を賜ったが、二度とかれは岩村田の高砂屋にもどることはない。『遺骨も帰っていないのだ。返してくれるまで動きたくないのだ』、母とくは長男仁の日記にあったような忠君愛国の精神で、勇敢に戦い、見事に戦死し、東京日日新聞に取り上げられた誉有る息子だけが誇らしかった。しかし、今は、内心それはどうでもよいことであり、生身の息子が戻ってくれることだけを望んでいた。遺族慰安祭に参列した全国の遺族とともに高砂屋の父母ら三人は、参列した明治神宮にも参拝し、招待の東京宝塚劇場、有楽座にも観劇したが、晴れた気持ちにはなれなかったろう。東京での宿泊を義姉弟の家にお世話になり再び信州に戻った。」

第六章　白兵戦

——張鼓峰事件記念館の資料集から

筆者は、この訪中で見学した記念館の最大の成果は資料集『張鼓峰事件（Zhang Gu feng Event）』（劉叢志〈Lin Congzhi〉著、天馬出版有限公司）を購入できたことであった。この本の著者は張鼓峰の戦跡を戦後最初に発掘調査した研究者でもあり、張鼓峰事件記念館長でもある。

この本は、中国語で書かれているが、日本軍や旧ソ連軍の資料を引用し、写真を豊富に多用し、資料のまま日本語、ロシア語で引用して収められている。張鼓峯事件の最も激しい戦闘であった昭和十三年（一九三八）七月三十日から休戦に至る同八月十一日の「日ソ態勢要図」が示されている。日ソの戦闘にいたる軍隊の戦地の状況を豊富な写真で解説している。この中には日本の防衛省防衛研究所戦史室による資料も使われている。

筆者はこの資料から大変興味深い発見をすることができた。

いままで、祖母や父から「長兄仁の遺骨がなく、白木の空箱だけだった」と聞かされてきた。しかし、この写真には一九三八年八月十一日、ソ連軍と休戦協定が行われ、ここ張鼓峯の南陵上で同年八月十三日に遺体交換をしている写真が掲載されていた。更に、歩兵第75連隊本部のあった会寧（朝鮮咸鏡北道）にて遺骨の白木の箱を抱えた兵士多数が整列している写真がある。そのキャプションには「日軍75連隊張鼓峯事件亡者骨灰」と記述されている。また、75連隊長佐藤幸徳大佐の手記があり「無言の凱旋、雄基（朝鮮にあった日本海の軍港）より凱旋一日前、白木の勇士凱旋シタルモノ、我らの犠牲者」「昭和十三年九月四日着」とある。伯父 仁が属していた歩兵第75連隊（朝鮮軍第19師団）なのであった。更に、この戦の一ヵ月後、昭和十三年（一九三八）九月は張鼓峯事件慰霊祭が歩兵第75連隊の置かれていた朝鮮の会寧で賑々しく行われている写真と慰霊祭記念の表紙写真も掲載されている。そこには生存した兵士と軍人幹部、僧侶、婦人団体、遺族の関係者が整然と参加した大規模の慰霊祭であったことがわかる。また、日軍第19師団の兵士がソ連赤軍兵の遺体を収容している貴重な写真もあった（一九三八年八月六日）。

これらの資料から想像できることは日中戦争がはじまった時点は泥沼の戦いというより戦局を見ながら旧ソ連の戦力や戦略を窺いながら進めている様子が見て取れる。日露戦争以降大きな戦いはなかった。

張鼓峯南稜線上の
遺体交換。
左側は日本軍、
右側はソ軍軍使

日軍75連隊
張鼓峯事件亡者骨灰
（朝鮮会寧）

日軍第19師団の
兵士が赤軍兵の
遺体を収容している
（1938年8月6 日）

（『張鼓峯事件　陣中美談』秋永部隊編、昭和 14 年 8 月、
村上幸三郎発行）

もともと日本陸海軍は第一次世界大戦（一九一四─一九一八）ではイギリス、ロシアなどの連合国側に加わり、チェコ軍救援のためシベリアに出兵（一九一八─一九二二）し、事実上旧ソ連を内政干渉した。日本は七万三千人を派兵し、アムール川河口を占拠し、革命軍パルチザンと闘い一〇億円の戦費を使い三〇〇〇人以上の戦死者を出している。以後、「帝国国防方針」の改訂を大正十二年（一九二三）二月に行い、「想定敵国」「仮想敵国」の用語の代わりに敵国の「目標」とする国家をアメリカに置いていた。それと同時に中国とロシアに対しては「親善を旨としてその利用を図るとともに、常に威圧する実力を備える方針に改められた（林三郎、一九七六）。革命後のロシア、即ち、旧ソ連が「目標」から外された。経済復興と国内統一に専念しているので対外軍事行動をとる余裕がないという判断に基づくものであったという。また、陸軍は国防方針の改定ではフィリピンに対する軍備を計画していた。大正十四年（一九二五）には社会主義政権が完成した旧ソ連と国交樹立し、北京において調印している。大使館、領事館が相互に設けられている。

戦後の資料によれば、この張鼓峯の激しい戦いで日本側は戦死者五二六名、負傷者九一四名の犠牲者を出した。この事件は、第一次世界大戦の激戦をほとんど経験してこなかった日本にとって、日露戦争後では初めての欧米列強との本格的な戦闘であった。従来、機密指定されていた旧ソ連軍（ロシア）の文書が公開されたことで、従来の旧ソ連側の損害が過小に報告されていたことが明らかになっている。旧ソ連側の軍の規模は、将校一六三六人、下士官三四四二人、兵士一七八七二人で合計二二九五〇人だった。旧ソ連側の損害は、戦死・行方不明が七九二人、戦傷・戦病三二七九人だったという。旧ソ連軍は将校の死者数が全体の一八パーセントと特筆して多いと指摘されている。帝国主義、植民地主義による侵略戦争の時代、日露戦争に負けた旧ソ連は民族としての歴史的屈辱を取り戻すためにも張鼓峯の戦いに全力を挙げたのだろう。

更に、近年、張鼓峯事件の戦いに関して歴史研究が進んでいる。旧ソ連崩壊後、新たな資料や戦後、連合国やアメリカ国立公文書館が所有していた資料も公開されるようになった。この中で注目すべきことは、昭和十三年（一九三八）八月の事件勃発の以前から、この陸続きの大陸から、旧ソ連側の極東司令官など軍隊内部の高官が国境を超え亡命を求めてくる事件が散発的に起きていた。張鼓峯事件の直前にはリュシコフ事件が起きている。

一九三八年六月十三日、粛清を恐れた旧ソ連内務人民委員部極東局長ゲンリフ・リュシコフが満州国琿春県の長嶺子を超えて日本軍に投降し亡命を求めてきた。これをきっかけに両国の緊張が一気に高まったといわれている。これは一九三〇年代に旧ソ連の指導者スターリンによる粛清を恐れ、軍隊内部にも動揺が広がり、特に極東ではその圧力が強まったことによると考えられている。極東における粛清は激しく、リュシコフが語ったとされるところによると、彼が極東の一年間に逮捕者三〇〇〇〇人、極東全域では約二〇万人、うち銃殺刑に処したもの七〇〇〇名を超えたと伝えられている。リュシコフの国外逃亡の動機は粛清の危険が彼の身辺に及んできたからであった。この亡命事件と張鼓峯事件は全く別個の偶発的な事件ではなく微妙な関係性があることを指摘している（林三郎、一九七六）。

ソ連軍は七月二十日以降、極東ソ連領内のポシェット湾には三十数隻の輸送船が入港するなど、軍隊の動きが活発になってきた。ソ連極東方面司令官（ブリュヘル元帥）が編成され、七月二十九日には約十数名のソ連兵が沙草峯にも進出してきた。張鼓峯は豆満江河口から二十数キロ上流でその東岸に位置する標高一五〇メートルの高地である。その頂上からはソ連のポシェット平地と港が手に取るように見える。快晴の日にはウラジオストックまで遠望できる。沙草峯は張鼓峯の北方二キロ余りのところに隆起し、やや低い位置にある。これらの二つの峯を巡って両軍は死闘を繰り返した。

一方、旧ソ連の内部の政治的覇権争いと混乱の中で、大本営陸軍部の戦局の方針は、ソ連軍の張鼓峯占拠を不法越境と認め、朝鮮軍司令部（京城）の司令官中村孝太郎中将に対して、「国境近くに集中し、警備を厳重に行うこと」、「実力の行使は別命によるもの」と命令している。大本営陸軍部は戦いの不拡大方針を堅持していた。こうして朝鮮軍司令官は第19

師団長尾高亀蔵中将（司令部羅南）に応急派兵を準備し、一層の国境警備を命令している。

しかし、尾高亀蔵中将はソ連兵の沙草峯占拠は、張鼓峯進出から二十日後のことであり、この進出は不法挑戦であり満州国内に入り込んでいると判断した。尾高亀蔵中将はこの沙草峯占拠は張鼓峯進出とは別個の問題として処理すると考え、自己の責任においてソ連兵を直ちに撃退する決心をした。大本営の別命を待たず攻撃命令を下した。「豆満江東岸への進出および武力行使は」大本営陸軍部からの別命によるものでなければならなかった。しかし、朝鮮軍司令部は自己の意図に反する既成事実を押し付けられた形になったが、尾高師団長の意見を認め、不拡大方針を堅持するように指示している。ソ連は、八月三日以降、ブリュヘル元帥からシテルン極東方面軍参謀長が任命され、狙撃軍団、機械化旅団、戦車大隊、航空隊などを編成し、大攻撃をかけて五日間の激戦が行われた。尾高師団の損害は激増し、日本側の損傷は激しくなり、八月四日には停戦に関する交渉を申し入れていた。ソ連側は自軍の反撃の進展ぶりを見ながら交渉

張鼓峯記念館に飾られた第19師団第75連隊

に応じていた。八月十一日正午を期して一切の射撃を中止した（『太平洋戦争陸軍概史』林三郎著、一九七六）。

第19師団の尾高師団長による張鼓峯と沙草峯攻撃に対して決死の健闘したのは「国境確保の大任を全うする」ためであった。しかしながら、この大任はついに果たせなかった。第19師団の戦力不足、停戦直後における同師団の戦線離脱、ソ連軍部隊の戦線居座り、国境画定委員会の流産などもあって、ソ連軍の張鼓峯確保と沙草峯の領有を許してしまった。これでは第19師団が何のために戦ったのかわからず、同師団の戦死者五二六名は犬死に等しいと言われても返す言葉はないだろう（『太平洋戦争陸軍概史』林三郎著、一九七六）。尾高第19師団長は自己の責任として派兵禁止の豆満江東岸に兵を進め、かつ軍司令官に許可を求めることなく張鼓峯と沙草峯を攻撃した。事件の拡大についてどんな責任を取ったのだろうか。日本軍は当時から「戦場の暴れん坊」の師団長の責任を問うことはなかった。逆に「猛将」とうたわれたこの師団長は軍司令官に栄転させている。陸軍大学校卒業者に見られる専横と専断の風潮は一向に改まらなかった（『太平洋戦争陸軍概史』林三郎著、一九七六）。

近年、筆者の父母らの逝去をきっかけに、更に先代の祖父母らが残していた手紙や遺品を改めて見る機会が多くなった。陸軍が戦死者の遺族に贈られた遺品から読み取ると、遺族への慰霊と弔意を示した内容ではある。その中に陸軍中将尾高亀蔵師団長が遺族である父 浩三に宛てた戦死一年後の直筆の手紙がいくつかある。この手紙は師団長の配下の戦死した一兵士の親に送り続けた手紙としてはなにを意図していたのだろうか。戦死した兵士を美辞麗句の言葉で飾り人情感を吐露した文面にも戸惑っていた。それらの手紙と遺族に贈られ、揮毫した掛け軸は何を意図したのだろうか。この戦いの戦死者五二五名にこれらを揮毫し、送り届けたのだろうか。天皇崇拝の軍国主義国家の忠君愛国の理念が教育勅語によって貫かれた下では、「人権」の感覚は微塵もない空虚な観念に支配され、その呪縛の中に生きた時代だったと想像することができるのである。

前に引用した阿南陸軍大臣秘書官を務めた林三郎氏の『太平洋戦争陸戦概史』（一九五一年初版）を読み、尾高亀蔵師団長がなぜ配下の兵士の遺族に贈り続けたのか、その手紙や歌の意図が見えたのである。師団長の独断と専断による責任と失敗を償い、自戒の行為なのだろうか。

日本軍国主義の天皇制国家の軍隊の精神を示した遺品が我が家に残されている。陸軍中将尾高亀蔵師団長が揮毫した掛け軸である。その意味するところを解読してみた。

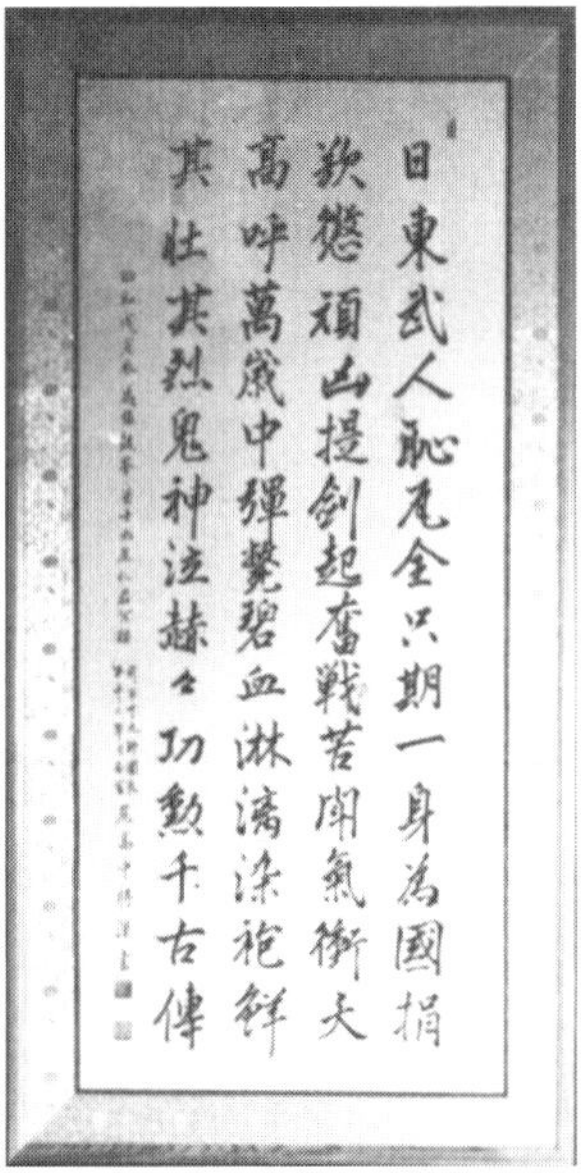

陸軍中将尾高亀蔵師団長が歌を詠み、揮毫した掛け軸

「日本の軍人は無駄に生き死ぬことを恥じとし、ただ、一身国の為に犠牲になることを願っている。頑凶なものを懲らしめ、武器をとって奮戦苦闘する意志は天を突く思いである。ああ万歳、弾に当たって倒れ死するときは碧色に血は上衣を染めて鮮やかなり。その壮烈たることは鬼も神も泣き、輝く功勲として千年の古《いにしえ》まで伝わる。

昭和戊寅冬　為張鼓峯　勇士　土屋仁君冥福

前第十九師団長

第十二司令官　　尾高中将謹書　印」

この日本の玉砕型精神主義の白兵戦法は、戦後の防衛省防衛研究所の戦史室の資料（朝日出版社、一九六九）である「張鼓峯付近の態勢概要図」「夜間攻撃戦闘経過要図（七月三〇日夜）」には「肉迫攻撃」や「ＴＫ（この記号は「ほとんど活動を認めず」とある）」と書かれている。これは白兵戦のことであり、手榴弾や銃剣による対戦車、敵兵士との肉迫戦法を意味している。ＴＫは戦車が接近するまで塹壕などで耐え忍ぶ記号でもある。また、同『太平洋戦争陸戦概史』（林三郎著、岩波書店、一九七六）によれば張鼓峯事件と翌年のノモンハン事件に見られた日本軍の白兵主義に執着したことが、著者の林三郎元駐ソ陸軍武官補佐官の立場から日本軍の戦術として書かれている。日本陸軍は伝統である歩兵の白兵主義を一掃できるどうかがその後の戦いにも問題を残していると述べている。日本軍は現代戦（ママ）の物的戦力の著しい進歩に目覚めることなく、依然として精神的戦力の優越性を高く評価するものであったとある。第一次世界大戦で日本陸軍は近代火力の洗礼を受けなかったため、日露戦争当時の火力感覚から抜けきれなかったのであろうとしている。

これまで縷々《るる》、伯父 仁の戦死を通して当時の天皇制のもとにあった日本軍部の専断による支配と遺族への空疎な慰安の言葉とその行為を述べた。これまで遺族である父、祖母らは生前、中国旧満州への慰問を希望してきた。地方の遺族会の仕事もしていたので、そのチャンスや機会もあった。しかし、現役で働いていた時代は海外への慰霊巡拝は難しかった。そのうちに高齢になり家族の介護に多忙となり、益々その機会が遠くなった。インパール作戦で戦死したもう一人の叔父（弟）についても同様に未だに遺骨が返還されてないままである。ミャンマーでは遺骨収集、慰問は最近までできなかった。第二次大戦の戦没者二四〇万人、その遺骨の約半数は日本に戻っているという。しかし、このうち三六・九万人は名簿が身元不明である（公益財団法人「千鳥ヶ淵戦没者墓苑奉仕会」）。一方、残された約一一三万人の遺骨は現地に残されたままであり、収集は行われているが遅々として進んでいないのが現状である。日本は一九五二年独立したが、中国とは一九七二年九月まで国交回復がされなかった。ミャンマー（旧ビルマ）のように長く軍政が続いた国。いまだに国交のない北朝鮮。ロシア（旧ソ連）とは国交があっても旧ソ連崩壊後の複雑な政治外交下、シベリア、樺太など北方領土問題が横たわっている。戦後の冷戦時代のもとで時間をあまりにも浪費してきた。遺骨収集は戦後一九五二年以降、始められたが、一九七二年五月、日本に返還された沖縄やアジア・太平洋地域の友好国を中心に行われた。それに対して、中国全土では、慰霊、巡拝はできても遺骨収集はいまだにできない。近年、中国では経済成長の一方、国内は二〇一五年以降、「反スパイ防止法」の制定によって厳しい国家統制を強めている。

なぜ、この地は訪問が遅れたのか。中国本土だけでも日本の兵士の戦死者四五・六万人、更に、一般民間人の死没者は多数であり、その数も正確には不明である。遺族の世代交代があり、単に戦没者の遺族会などの順番を待ってはいられないときにきている。戦没者遺骨収集推進法（二〇一六年）が施行され二年を経た現在、積極的に慰霊巡拝、遺骨収集に取り組む体制と強い姿勢が現在の政治に求められている。それには、各国の異なる政治状況下で、戦後の遺骨収集等の行為の理解を求めるためには、日本の憲法を活かした自主的な平和外交が求められるのではないだろうか。

この記念館で購入した資料集『張鼓峰事件（Zhang Gu feng Event）』（天馬出版有限公司）の著者・劉叢志〈Lin Congzhi〉は戦後最初の発掘調査した研究者でもあり、現在、張鼓峰事件記念館館長でもある。劉氏は記念館の創始者であり、現在、琿春市の政治、文化、歴史委員である。この資料は、初版が二〇一五年八月であり出版が香港から出されていた。中国語で書かれているが、日本軍や旧ソ連軍の資料と写真が豊富にあり、資料のままの日本語、ロシア語で引用して収められている。この資料『張鼓峰事件』の序「張鼓峰記念館所蔵春秋史」に、中国の国防大学専門技術二級教授少将の徐焰氏が述べている。この中で、中国東北部の満州の満人、朝鮮族とロシア（旧ソ連）との関係について、ロシア時代からの大変興味深い歴史的見解が触れられている。複雑な歴史の経緯がある。以下はその前文である。

「一九三八年の張鼓峰の戦いに関しては、中国歴史学界はさまざまな原因があり、長期にわたるため研究が不足していた。国家プロジェクトがない状況の下で、自身（劉氏）の力で民間グループの仲間を作り、張鼓峰記念館を立ち上げてきた。この三角形の地帯の歴史を遡ってみれば、人々は、また帝政ロシアに対して清の虚弱なのに乗じて河口を奪い取ったときの憤りを感じる。私達はこれから、また沢山のことがあって難しい祖国であり、北側のこの最大の隣邦（ロシアのこと）と付き合う歴史であり、本当に進むべき選択は一つではない。しかも、万花簡単に類が激しく変わり定まらない未来図はこもごも至り悲しい。古い言葉では『誉と屈辱』、『勲功と失敗』、『夢と現実』、皆非情な歴史の審判にあり、（これからは）後代の人を受け入れて議論することである。ここ一〇〇年の間、中国の近代史の上でロシアは中国の国土（版図）に最大の損害を引き起こしたことがあり、中国人民に最大の支援・援助を提供したこともある。」

「中ロに言及すれば、江蘇関係も、また、中国の抗日戦争の歴史を回顧すると、張鼓峰の戦闘は、その中の重要な一ページである。一九三一年、日本は東北を侵略し、占領した後に、関東軍はソ連極東軍と一触即発の状態にあって対峙した。張鼓峰はこの対峙するラインの最南端の一重要地点になった。この時、中国人民の抗日戦争はソ連が日本に対抗したのを助けて、蘇軍は日本軍に対して圧力を加えて、中国の抗日戦争を援助した。この時代、日本の朝鮮軍の第19師団は張鼓峰で挑発した。スターリンはようやく相手の出方に憤って、遺憾に思い、強硬な姿勢で出発（戦いを）することができた。すぐ軍隊に命令を下し、絶対的な優位の兵力で、六つの空軍が協力して日本軍に対して打撃を加えた。この時は、国内では武漢を守る歌声が大きく伝わり、広まった時であり、蘇軍が日本軍に痛撃を与えることができるのを知って、人民の心情はこのために奮起して、一時、張鼓峰の名は中華の大地に広く伝わり広まった。」

「当時、延安での多くの人にとって、張鼓峰の戦闘はとても大きい精神的に激励効果をもたらした。私の父は生前年の春、八路軍３５９旅団から大分過ぎて、一九四〇年、抵抗することを学んだ時に、彼が言ったことがある。ちょうど周恩来副主席がソ連から帰って来たときに、小型の映写機の一部を持ち帰り、ある晩に粗末な山崖の洞穴式住居の外の運動場の上で自らみんなのために映画を上映した。この記録映画の名前は『張鼓峰の戦闘』であり。大規模の戦いであった。映画を見終わった後に観衆は大変興奮して、しかもいろいろな議論が起こった。その時の多くの人が次のように信じた。今後すべてソ連は、必ず出兵するときには、中国人民が日本の侵略者に打撃を与えるのを、助けることをかたく信じる。後の事実もやはりこのようになった。」

「その年代では、ソ連は確かに世界の進歩の人類の望みであり、苦難の中国人民の援助者の唯一の出所を得ることができる。もちろん、それからの人々はスターリンの体制が多くの弊害を持っていることを知っていて、蘇聯にあっては、中国の権益の行為を損なってでも、あの時（ソ連の）中国人民への支援に対してやはり高く評価するべき（考え）が主流である。そのため、後代の人は真剣に張鼓峰の戦いを振りかえって研究してみる必要があり、やはり張鼓峰は重要な歴史的意味を持っている。」

更に、張鼓峰事件（一九三八）について、戦中・戦後、中国の革命政府はどのように見ていたのか、『張鼓峰事件』（劉叢志著）から一部を引用した資料として巻末に示した。この時代を理解するためには国際政治の歴史を俯瞰《ふかん》した視点から見ておかなければならない。

日本は張鼓峰事件の前年に盧溝橋事件（一九三七）を起こし、日中戦争に突入している。国際政治の舞台は、一九三三年三月すでに日本は国際連盟を脱退しており世界から孤立を深めていた。一九三六年、日独防共協定、更に一九三七年に日独伊防共協定を結び、世界的にはドイツ・ヒットラー、イタリア・ムッソリーニとファシズム集団の国となっていたことを自認しなければならない。

大日本青少年団の旗で行進する町の壮年・婦人会の人々
（信州・佐久、1941 年頃）

第七章　一九四五年八月十五日からの戦争
――彎曲する川・牡丹江

再度、慰霊の旅に戻そう。バスの旅も四日目になる。

琿春市から黒竜江省・牡丹江へ。朝鮮族自治州を後にこれから約五〇〇キロ、戦禍のあったローカルな農村地方への長旅になる。高速道路から外れ、更に北に進むバスの旅である。琿春市を離れることになるが、お別れに同市内の街をガイドしておこう。

この町は、日本海まで十五キロで、ロシアのポシェット港、その先はウラジオストックであり、ザルビノと鉄道（現在は貨物線のみ）で結ばれる。南は豆満江を隔てて朝鮮民主主義人民共和国（北朝鮮）の羅先特別市と接し、東はロシア連邦の沿海地方と国境を接する。長春からは四七〇キロの高速鉄道で結ばれ、中国高速道路の最東端のまちである。この街は入植、開発により人口二五万人の街と発展し、朝鮮族は約四〇パーセントである。

昨日までは自身の慰霊地のイベントも終わり、気持ちの落ち着きを取り戻し、疲れていたのか、バスの中ではしばらく眠りたかった。バスは琿春の市街から外れ、山間部に入った。コンクリート舗装されているだけでもよかった。舗装のコンクリートは打ち継ぎ目に段差があり平坦性がなくガタコト道で、結局眠りには就けなかった。

次の慰霊地は羅子溝という場所まで約二〇〇キロ、四時間の山道である。途中のトイレ休憩は周辺の農家などで済ますが、男性は野外のトイレとなる。

やがて煙草の葉畑が続く、黄ばんでいたので秋の収穫が近いようだ。

川沿いを進むと道路斜面の崩壊した箇所が多数あり、河床には巨木が流れ着いたのか横になったまま放置されてあった。今年の夏の大雨で斜面が崩れているようだ。小規模な川沿いを走る。河川の護岸は見事なまでにコンクリート版ののり面が堤防天端から河床まで、全面に乗せられている単純な構造になっていた。非常に単純で合理的な施工である。

やがてバスは一面がキクラゲ栽培の畑の側にでた。バスをしばらく止めて、見物していると早速、村の人がバイクで近寄ってきた。聞くところによるとこの村の村長でキクラゲ栽培のオーナーでもあるとのことだ。一行がキクラゲを買い付けにでもきたのかと思ったようだ。いま、日本ではこのキクラゲを中華料理に使っているが、中国からの輸入品のものが最も多いとのことだ。

やがて、山間部から平地に入ってくると水田地帯。稲穂が広がった。団長さんが本日の遺族で、東京の関口さんの慰霊の場所を探しながら走り、次の山道に入る見晴らしのよい畑の小路で慰霊をすることにした。関口さんのお兄さんが、ここ間島省羅子溝の完勝山で昭和二十年八月十四日に戦死されたところだった。やはり、ソ連の戦車部隊と闘ったところだという。お兄さんは十六歳で入営し、十九歳で戦死している。小径の端に遺影を立て、線香を焚き、全員で黙とうした。関口さんは「兄がまともに食事が出来なかった」と呟きながら肉親のことを想い、米を持参し供物をささげた。

間島省羅子溝東方南完勝山付近の農村で慰霊する一行

羅子溝からバスは牡丹江を目指して、再出発した。車窓は白樺並木がつづく農村地帯を走る。見渡す限り緩やかな大地に唐黍畑がつづく村を、次に大豆畑がつづく農村を、駆け巡り、時に鉄道線路と交差した。線路は立派なコンクリートの枕木であったが、遮断機がないので、鉄道員が踏切に立哨していた。農村の赤い屋根、レンガやブロックの壁、夕日が山極に落ちるころ、家々の煙突から夕餉の煙が立ち登り、あちこちに明かりがともされる。かつて日本の田舎にもあった懐かしい風景に出合うことができた。

ガイドさんによると中国の家庭では夕方五時から電灯は使うことができるらしい。いよいよ、太陽が地平線の彼方に消えるころは黒い大地とブルーの天空とが鮮やかなコントラストを描く。その空間には大地に沈みゆく太陽からの光の帯が細く々消えて行く。なんと旧満州らしい風景なのだろう。開拓団として入植した日本人や兵隊はこの風景を見てどんな思いで暮らし過ごしたのだろう。

バスは、約十二時間、四八〇キロを走り抜き、夕暮れになった牡丹江の街に入った。団員は旅も五日目に入り疲れが見える。ホテルに入る前に近くの飯店に入り、夕食はビールを飲みながら回転テーブルで中国料理をいただいた。最初の二、三日は中華料理特有の香辛料が気になったが、やっと中国東北地方の中華料理にも慣れて美味しく夕食をとることができた。しかし、団長さんは「何が起こるかわからない」と、最後までお酒は口にしなかった。責任感の強い方でみんな感心していた。牡丹江のホテル「牡丹江夏威夷国際大酒店」で深い眠りについた。

牡丹江ではその日から翌日に掛けて六名の団員の戦死没者の慰霊を行うために同じホテルに二泊した。

バスは牡丹江の市内を巡りながら、街の発展ぶりを車中から見学した。牡丹江は黒竜江省東部を代表する大きな街である。この現地の旅行案内をしているガイドさんの旅行会社があり、地元の地理に明るい。戦死没者の場所を丁寧にガイドして頂いた。ガイドブックによると人口が二七〇万人、ロシア国境に接し、ロシアからのツアー客も多い。街の中央を北に向かって牡丹江が流れ、川の名称をそのまま牡丹江市としている。この川は松花江の支川であり満州語で「彎曲する川」（ムーダンウラ）を意味している。東京の多摩川の下流の川幅と同じスケールである。

牡丹江の発祥は二十世紀初頭の東清鉄道の施設にはじまり、当時ロシアは省都哈爾濱《はるぴん》から日本海のポラニチヌイまでの建設に着手した。この鉄道はロシア帝国が満洲北部に建設した鉄道路線の一つ。西のロシア国境の満洲里から哈爾濱を経て東のロシア国境の綏芬河《すいふんが》へと続く本線と、哈爾濱から大連を経て渤海海峡の旅順へと続く支線からなる。

そもそも日露戦争（一九〇四年二月～一九〇五年九月）で日本がロシアに勝利し、一九〇五年九月五日、ポーツマス条約により長春以南の南満洲支線は日本に譲渡され南満州鉄道（満鉄）となった。昭和六年（一九三一）には満州事変を起こし、関東軍の満州全土の占領、更に盧溝橋事件（一九三七）からの日中全面戦争にはじまり、日本の支配が続いた。また、太平洋戦争末期には、多くの師団が満州から南方戦線と本土決戦準備などに転戦させられたことに伴い哈爾濱、牡丹江は日本軍が集結したところでもある。また、戦局の悪化する末期には、昭和二十年八月九日ソ連の参戦によって悲惨な戦いがあった地域である。

筆者の叔父 三男文三郎（この慰霊の長男 仁の弟）はビルマ戦線に赴くため昭和十六年一月二十二日、現役兵として高射砲第13連隊第四中隊に入営した。その年の七月二十八日には野戦高射砲第51大隊本部に転属している。十一月まで、ここ満州牡丹江省の国境警備に着いていた。彼は軍隊生活六年間の中で克明に日記を残していた。戦地の兄弟や故郷の友に交わした気持ちのその一部を紹介しよう。

「『十月十五日晴れ。いつの間にか延吉についている。兄貴もこの鉄道を何回ともなく通ったことだろう（長兄の戦死は既に知っていた）。（軍隊は）丸四年とてもいやになっちゃう。新京で出沢君とあえるとよいが……、夕食が八時頃までになっちゃった。みんなブツブツしている。明朝、新京に着く。みんな売店で買うがマネーがなくなって、どうにもならんから寝つかれん』、『十一月十七日には熱河省壺蘆島に到着』。『十一月十八日曇り。昨日ある人に託した手紙は本土の兄貴（次男）に渡るだろうと思う。伯父さん（母の兄）

のことを知っているそうだ。』、彼は『起床六時、早速飯上げる。』、『（牡丹江で）行くこと一万人以上の炊事場もたいしたものだ。八垂形の天幕で林のごとく並んでいる。戦車、重砲機砲あらゆる兵科の集合だ。朝の内、乗船のことに就いて色々と話があった。仏印の方にいくのは吾らだが何処へ上陸するだろうなあ。馬だけでも何萬と言う数だろう。十九日は夜八時に壺蘆島を出帆した。』

牡丹江は日本軍の多くの師団が満州から南方戦線へ転戦し向かったところでもあった。

旅の六日目、最初の慰霊の場所は、香川県の柳原さんのお姉さんが昭和二十年八月二十五日に、二道河子というところで亡くなられた地に向かった。

バスは牡丹江に沿って郊外の下流に向かった。川沿いを走ると濁った川は土砂が堆積し、浚渫《しゅんせつ》船が川底の土砂浚渫をしている。途中、芝河林という町では、日曜日とも重なりバスは狭い街路で渋滞し、活気にあふれている様子を目にした。更に、進むと小高い丘陵地のあたり一面は、とうきび、ダイズ畑が広がり開拓されたことが一目でわかる農村地帯である。畑地の小水路は、洪水が流れ氾濫した痕跡が畑地の中まで確認することができる。湖水は水が少ない。しばらく、緩い坂道を登ると集落があり蓮花湖が見える。蓮花湖は地図によると牡丹江の川をせき止めているダム湖になっているようだ。亡くなられた場所は不明のため、この湖水を臨む展望台に登り、ここで慰霊を行った。後ほど、ガイドさんにお聞きしてわかったことだが、湖水の下の集落は水害により、この地に移住して開いた土地であった。トラクターに乗った農民の姿も見え、牛小屋やサイロが並びのどかな佇まいであった。

蓮花湖とキクラゲ栽培畑が望める
東満総省二道河子付近

一行は途中、牡丹江市内のレストランで昼食を済ませ、高速道路を次の慰霊地の横道河子（鎮）に向かった。ここは、兵庫県の古泉さんのお兄さんが昭和二十年八月二十日に亡くなられた場所であるが、詳細はわからない。

バスは牡丹江の市内に戻り、牡丹江大学前を通りながら、高速ゲートから道路を哈爾濱に向けてしばらく走った。

海林市の横道河子は昔からロシア人が入植し、鉄道機関区とヤードがあり交通の重要な街であった。ヨーロッパ風な佇まいの建物群があり、今でもロシア人が多く暮らしているとのことである。

海林市横道河子鎮にある中東鉄路機関車庫

一行は、この中東鉄路機関車庫を見下ろす小高い斜面に上がり慰霊を行った。そのとき、鉄路を走る列車の汽笛が聞こえ、同時にロシア正教会の夕刻のミサ曲と歌声が谷間の街に響き渡った。赤レンガ造りの機関区車庫の間を長い貨物列車は小雨が降り始めた街を車輪の規則音を響かせながら哈爾濱方面に向かっていった。一行は小雨の中を静かに、いつものように、思いを一つにし、慰霊した。軌道を進む列車の音がやがて細くなり、いつまでもつづいた。教会のミサと列車の走る音のタイミングは、異国の地で映画撮影のロケーションのようだった。ギリシャ映画テオ・アンゲロプロス監督の『旅芸人の記録』を思い起こした。

朝鮮族ネット（黒龍江新聞ハン・キルナム記者、二〇〇七年六月二十七日）によれば海林市横道河子鎮は、中国歴史文化遺産の名鎮に選定されている。張広才嶺山脈の奥深くに位置したヨーロッパ風情の濃い百年の歴史を持つ鎮だということである。東北地区の軍事要塞でもある。一〇〇年余りの風雨の中、横道河子鎮は多くの歴史文化資源を残したとある。現在、中東鉄路機関車庫、木造構造の聖堂、大白楼など五つの文物が既に国宝群に入り、重点保護地になっている。最近、北京で行われた中国歴史文化の名鎮懸板授与式で、海林市横道河子鎮は東北三省で唯一入選し、中国三十ヵ所の歴史文化名鎮の一つになったことを知った。

牡丹江市内に戻り広島県の大橋さんのお父さんが亡くなられた牡丹江第一病院と、岡山県の濱さんの伯父さんが亡くなられた牡丹江方面（死没の場所不明）に向かった。それぞれ、終戦から三ヵ月、十ヵ月が過ぎている昭和二十年十一月十日、同二十一年六月十一日に死没されている。

バスは牡丹江の川筋を市外地から市内にインターチェンジを降りて、市内から再び小高い丘陵地に入った。夕暮れもせまる中、黒竜江省牡丹江南山病院に到着した。病院の業務が終了したのか人影は少ない。いまは名称が少し変更されているようだ。総合病院のようであり、哈爾濱医科大学教学実習基地とあり各地の大学、病院と連携している多数のプレートがゲート横の連壁に張り出されている。規模も大きい立派な病院入口の広場で、バスから降りて病棟を見ながら当時のことを想い浮かべた。一行は薄暗くなった小径を病院の西側の見晴らしのよい空き地に移動し、慰霊を行うことにした。この丘からは夕闇が迫る牡丹江市と郊外を眼下にローソクをともし、お二人とお気持ちを共有した。それぞれどのような最後を迎えたのか詳細はわからないが、広島から参加された高齢の大橋さんは家族で父とも暮らしていたので思い出も多く、深いものがあるそうだ。一人一人に御礼のことばを交わした。

すっかり太陽が沈み、夕闇の牡丹江の丘から下り、街のレストラン「新東方賓館」で夕食をとった。

牡丹江南山病院の近くの丘で慰霊する訪中団

第八章　「岸壁の母」の舞台、穆棱《もくりょう》市

——そしてジャムス（佳木斯）へ

牡丹江のホテル「牡丹江夏威夷国際大酒店」を七時に朝食を済ませ、八時に出発した。

市内を通過しながら牡丹江駅や牡丹江大学のお椀型の屋根のクラウンはロシア文化を伝統にした街であることを強く印象付けた。余談だが牡丹江のホテルロビーの金花魚アロアナは三㍍くらいの巨大淡水魚。深紅の木製魚拓で見事なものだ。思わず目を奪われた。一八二九年に牡丹江で発見されてネーミングされたと英文で書いてあった。中国の大きな飯店は魚の生け簀が店内に並べられている。その中には大きな鯉類、アロアナの類の淡水魚、チョウザメまでがいた。それらを客が注文して食を楽しんでいる。内陸の大地は淡水魚文化である。

さて、七三年前の戦争の過去を背負ったこの慰霊の旅は過去の事実と向き合うことなしにはできない。

一九四五年八月九日のソ連参戦により沿海州からソ連の大軍が攻め寄せ、牡丹江省は最前線となったところだ。関東軍部隊は各地で壊滅、牡丹江省内にあった開拓地の日本人農民らは行き倒れ、ソ連軍や匪賊あるいは中国人住民らに襲撃・虐殺され（牡丹江事件・一九四五年八月）、多くの死者を出しながら朝鮮北部方面へ引き揚げ、逃げのびたが、多くの中国残留日本人孤児がでたところでもある。終戦後の日ソ戦の悲劇と日本人の拉致徴用、遭難事件、男狩り事件、ソ連軍の戦利物に関して防衛省防衛研究所の資料「ハルピン概況」に詳しくまとめられている。日中国交が回復しているとは言え、一人一人の戦争の傷跡はそのまま遺族と次の家族に継承されている。戦後世代は戦禍を体験した人は少ない。だからこそ、歴史の真実に目を背けず、向き合わなければならない。牡丹江を舞台に入植した日本人の家族の悲劇はたくさんある。中でも、作家中西礼氏の実話小説『赤い月』にあるように、彼の父は満州・牡丹江での軍御用達の酒造業を営んでいた。仕事は繁盛し、天国のような家族の暮らしから一転、地獄の修羅場の世界に陥れられていった大戦の悲劇を決して忘れることはできない。

敗戦が色濃くなった末期、日本軍は戦局の劣勢を知り、満州の日本人を守らず、軍隊幹部らは本国にいち早く引き上げている。満州国建設のスローガン「五族協和、王道楽土を建設しよう」と日本は呼びかけ、本気で信じていた当時の国民は、国家の壮大なからくりを知らず満州に渡ったのであった。その悲劇の事例をリアルに知る必要がある。

昭和十七年四月に臨時召集を受けて、日満ソ国境の豆満江周辺の守備隊に配属された湯川十四士元兵士が出版した『脱出！――元日本軍兵士の朝鮮半島彷徨』（光人社）を読んだ。昭和十三年八月、張鼓峯で戦死した伯父の四年から七年後の同じ現地が舞台であった。なお、この本は張鼓峰事件記念館で購入した『張鼓峰事件』（劉叢志著）で紹介された本でもあった。以下は湯川氏の体験がつづられた一部を紹介する。

八月九日以降、ソ連が牡丹江方面に侵入してから、湯川さんの部隊も混乱した。兵士はシベリア送りを逃れるために連隊を脱出し、数名の兵士仲間と図們から豆満江を渡河しながら鉄道や徒歩で会寧、茂山、元山方面へ逃げのびる。最後に京城にたどり着く約一〇〇〇㌔の死を覚悟した彷徨である（現在の北朝鮮の地）。

彼は逃げのびるため、命がけの脱走を続けた。敗残兵らの食料は尽きて栄養失調などでチフス、赤痢に罹り次々に倒れていく。捉えられた敗残兵が脱走に失敗したらソ連軍に見せしめとして銃殺される。

一方、満州方面から貨車や徒歩で避難して来る日本人の悲劇にも遭遇する。子どもを連れた家族は更に困難を極め、野山や避難所で亡くなれば現地に埋めてきた。終戦の保安隊であるべき朝鮮人から集団で拷問を受ける敗残兵。お寺や建物に避難している日本人の家族の女狩りをするソ連兵、無蓋車の一両に素っ裸で乗せられ、仰向けにされている日本の女性。それを取り囲むソ連兵らを彼は見てきた。更に、金品をはじめなんでも略奪する若いソ連兵士。この逃避行で多くの日本人避難民は命を落とした。どうすることもできない恥辱と屈辱を受

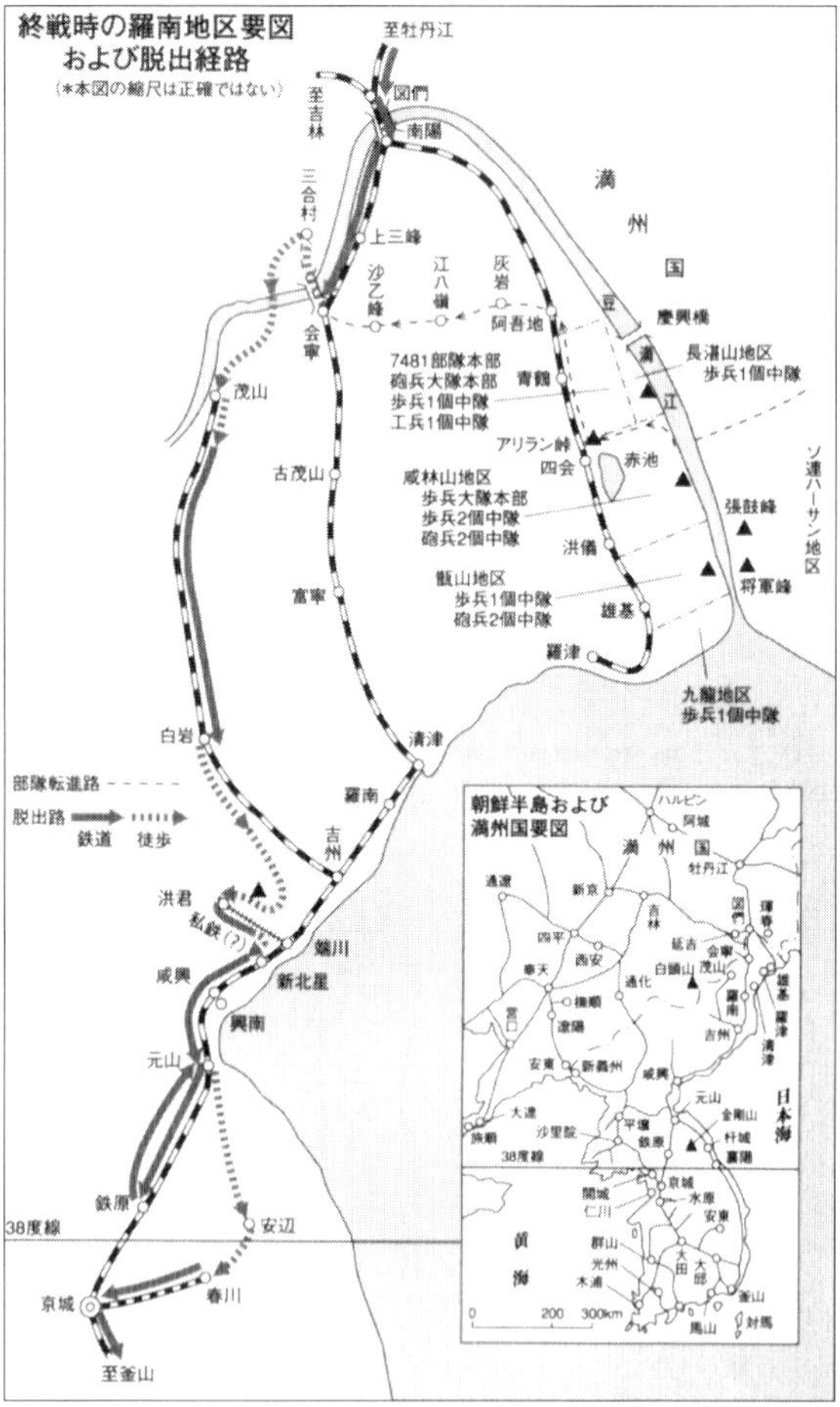

湯川十四士氏の『脱出！ 元日本軍兵士の朝鮮半島彷徨』より引用

け続けた日本人避難者と敗残兵。この生き地獄は一九四五年八月九日から終戦日の十五日以降も続き、更に彼は一年以上の間、朝鮮半島で逃避行を体験し、奇跡的に生きて帰還した。

第八章は戦争の生々しい過去の現実を触れることになった。多くの民間人が満州や朝鮮から朝鮮半島を鉄道や徒歩で三八度線を越えて、日本を目指し南下し、逃避行した避難者と死者はどのくらいいたのだろう。未だに、北朝鮮、韓国の朝鮮半島にも多数の遺骨があるはずである。北朝鮮とは国交がないため慰霊などもできない。戦後七十三年なぜ、このような状態なのか歴史の深層を考えなければならない。

この悲劇をもたらした歴史の事実として戦後明らかになったヤルタ密約会談に触れなければならない。一九四五年（昭和二十）二月四日から十一日まで、クリミア半島ヤルタで米国のルーズベルト大統領、英国のチャーチル首相、ソ連のスターリン首相による連合国三ヵ国首脳会談が開かれた。ルーズベルトはソ連による千島列島と南樺太の領有権を認めることを条件に、スターリンに日ソ中立条約を破棄しての対日参戦を促した。ドイツ降伏後、ソ連が対日参戦することが秘密協定としてまとめられた。ドイツと中・東欧での米ソの利害を調整することで大戦後の国際秩序を規定し、東西冷戦幕開けのきっかけにもなった。

旅の七日目の工程は約四〇〇キロ、更に北へ、ロシア国境に近いジャムス（佳木斯）を目指した。最初は東京都からの松本さん（女性）のお父さんが入植された穆棱市小豆山西南の場所に向かった。松本さんは昭和二十年八月十三日に亡くなられている。

バスは一般道に入り、市内は混雑し、大変な賑わいのある町であった。しかし、郊外の農村は河原に馬を繋ぎ止め、のどかな雰囲気なところだ。更に、小さな部落にでたが、街の中の道路工事に直面しガイドさんが下車し、作業現場の人に、行くべき方向を確認しているがよくわからないようだ。一行も、この作業が気になり皆が下車し、言葉はわからないが、様子を理解して再びバスに乗り込み、坂道の部落の中を突き進む。迂回したが、場所はよくわからない。やっとのことで、広大な農地と樹林が並ぶ現地にたどり着いた。いつものように農道の脇に入り木立の中で遺族らは祈りを捧げた。

牡丹江から穆棱市に向かう田園地帯の風景

そこからバスは次の八面通りという慰霊地に向かう途中、穆棱市《もくりょうし》衣村という市内にでた。立派な

穆棱市衣村の市内を走る一人乗り小型車

病院、銀行が並ぶ街であった。一人乗りのミニカーが頻繁に走る。とても便利らしい。運転手は老人もいるが若い人もいる。昭和三十年代の日本のミゼットに似ている可愛い乗り物であった。穆棱市の街は急速に発展し、人口が増えているとのことだ。街の交差点は大きなロータリーを描き、巨大なキーのモニュメントが飾られていた。

一行は時間の節約から市内のハンバーガーショップで昼食を済ませることになった。

その後、バスは同じ市内の郊外に出て八面通りという慰霊地に向かった。ここは神奈川県の松本さんのお父さんが亡くなられているところである。小豆山の松本さんと同日の昭和二十年八月十三日である。とうきびの畑とポプラの並木に囲まれた区画の農道に入り、遺族らは慰霊を行った。松本さんは父への慰霊の思いをしっかり準備されメモを朗読された。

帰途、市内の中国石油のガソリンスタンドで給油した。給油所の柱には、「燕京麦酒（Yanjing Beer）酒拒絶」と書いたビール会社の禁酒キャンペーンの看板があり思わずシャッターを押した。

この日の穆棱市小豆山と八面通りの慰霊地は多くの戦争悲話が残されている。ソ満国境の磨刀石という地で、終戦を目前にして、二十歳の若い学徒兵百二十余名らが戦死したところである。初陣となったわずか二日間の戦闘でその大半が散華したという。行方不明、生存したものは僅かしかいなかった。兵士の中には、流行歌手二葉百合子の歌と映画『岸壁の母』」のモデルとなった端野いせの息子、新二がいた。彼は昭和十九年（一九四四）に入隊し、同年関東軍予備士官兵としてソ連軍の攻撃を受け、この地で行方不明となる。その場所が小豆山周辺のソ満国境、磨刀石という場所である。戦後、母は息子新二の生存を信じて昭和二十五年（一九五〇）一月の引揚船初入港から以後六年間、ソ連ナホトカ港からの引揚船が入港する度に舞鶴の岸壁に立った。しかし、帰還することはなかった。端野いせは自から『未帰還兵の母』を出版し、息子の生存を信じながらも昭和五十六年（一九八一）七月一日享年八十一歳で死去した。

ガイドさんの説明では、「この地では戦後二十数年ほど後、関係する遺族の日本人が地元の人の協力を受けて遺骨を収集して埋没しなおした。しかし、その後、旧ソ連が遺骨を堀

唐黍と大豆畑が続く旧満州東北地方の穀倉地帯

り直して持ち去った」という。遺族の想いは届かない。戦後はいつまでも続くことだろう。

バスは高速道路に入り唐黍《とうきび》や大豆の農業地帯を延々と走り続け、ポラ並木の続く真直ぐな道を、小高い丘陵地を眺めながら村々を進んだ。集落の家々の屋根には太陽光パネルが設置されていたり、大きな火力発電所が見えたり、更に真っ赤な夕日が沈むころ、丘の上は大きな風車の列がくっきりと浮かんでいた。やがて、華やかな電飾で彩られたジャムスの街に入った。

今夜、宿泊するホテル「佳木斯江天賓館」に到着した。松花江を目の前にしたきれいなホテルであった。

第九章　極東アジア異色の松花江を行く
——佳木斯から通河を経て哈爾濱

大河松花江の河畔で早朝から集団体操を行うジャムス市民

どこからともなく低く、長いリズム音が夢の中で聞こえる。「夢?」を見ていたのかもしれない。五階の部屋のカーテンを引くと目の前は大河松花江（スンガリ河）が現れた。河岸の公園では早朝から太極拳だろうか。静かな低いリズムに合わせて、両腕を水平にしたまま軽くステップし、整然と隊列をなしてゆっくり前進している。早く目覚めたので、カメラを片手に川岸に向かった。赤色と白、黄色と青、黒などユニホームに身を包み、集団体操のグループのようだ。やがてリーダーの掛け声ともに、隊列は解散し、三々五々散って行った。柳の木に囲まれた河畔の公園広場は、秋のひんやりとした川面を眺めながら多くの人が散歩を愉しんでいる。犬をつれた人、杖をついた老人、子供をつれた夫婦、家族で思い思いのスタイルで早朝のリバーウォークを満喫している。みんな背が高く体格がよい。満人、モンゴル人、ロシア系の人、漢人、朝鮮族などが見られ、ここは極東アジアの国際都市なのだと思った。公園はごみもなく清潔だ。河岸には五星紅旗の星五つだけをトップに翳《かざ》したシンボルタワーが立つ。背後は佳木斯大学の学生校舎があり、やはり十二世紀のロシア古典様式のお椀組の屋根を持つホテルや建築物が並ぶ。川べりには大型遊覧船が浮かぶ。下流には運搬船が見える。ここから二〇〇キロ下ればアムール川（黒竜江）と合流する。更に、二〇〇キロ下流はハバロフスクに至り、やがて七〇〇キロいけばニコライエフスク・ナ・アムーレの街へ。そこはタタール海峡（間宮）に入る河口の街へとつづく。アムール川は世界で第九位の流域面積一八五・五万平方キロ、長さ第十二位四四一六キロの大河なのである。

佳木斯《ジャムス》は中国最東部にあり中国で最も早く日が昇る所として知られ、「東方第一城」の別称がついている。現在市内の人口は六十万人となっている。

佳木斯市は黒竜江省東北部にありアムール川、ウスリー川、松花江が合流する三江平原に位置する。西は哈爾濱に接し、東はウスリー川、北はアムール川を隔ててロシア沿海地方やハバロフスク、ビロビジャンと接している。ケッペンの気候区分では亜寒帯冬季少雨気候に区分される。最高気温が二五度を超える日が三ヵ月以上、最低気温がマイナス二〇度を下回る日も三ヵ月以上に達し、寒暖の差が激しい気候である。夏は降水量は多いものの、晴天の日も多くみられる。

松花江河畔に建つジャムス大学、建築物群

筆者は河川や水環境に関心があるため、余談になるが川について付け加える。極東地方のアムール川とその支流には鮭、カワマス、アムールチョウザメ、ナマズなど一三〇種の魚類がいる。チョウザメは密魚で採られることもあり、数も激減しているという。そのためロシアは稚魚の放流を行っている。魚類、鳥類には国境がない。水のながれるところ、エサや産卵場所を求めてどこの国へも移動する。鮭は湧水のある支流の奥まで遡上し、そこで産卵する。アムール川流域は、水量、融雪洪水、舟運、漁業管理にも中国、ロシア、モンゴルなど国家間は調整を行いながら資源管理を行っている。ここは国際河川だからである。魚類は川から海へ、海から川へ移動は人間より自由だ。

話題を慰霊巡拝に戻ることにしよう。地政学的に河川は戦争と切り離せない。戦前、旧満州では関東軍石井部隊の魚類調査が行われていた。防衛省防衛研究所の戦中の資料によれば、石井部隊はアムール川の地誌と河川を詳しく調査していた。満州地域の水資源、水産資源の調査は関東軍石井部隊兵要地誌班が詳細な調査を行っている。その報告書の一部は次のように記されている。昭和十四年五月の報告書では、アムール河系に棲息する魚類一覧表によると、鮭、タラ類、スズキ、鯰《なまず》、ヤツメウナギ、カマス、鯉、ウグイ、シロザケなどが生息している。この調査ではチョウザメはリストにない。一九三二年の漁獲総量は殆どが鮭、マスで約一七〇万トンである。当時、鮭・マスは人口増加によりその消費は国内、極東市場において消費されている。アムール川の漁獲はロシア帝政時代に比べて減少し、革命後全漁獲量の一五パーセント内外になった。旧ソ連極東革命委員会は産卵期の捕獲を禁止したのみならず、人工的繁殖法を企画し、多数の養魚場を組織した。

石井部隊は作家森村誠一氏の『悪魔の飽食』の七三一部隊のことで、細菌戦による中国人らの人体実験を実行した部隊のことである。一九四九年の極東軍事裁判がハバロフスクで行われた。二〇一八年一月二十一日NHK・BS1で、この軍事裁判のフィルムが放映された。十二人の関東軍幹部七三一部隊の軍医ら裁判の様子の記録フィルムが詳しく放映された。戦争とは無情にも、あらゆる自然やヒトまでが闘いの材料になるということである。

佳木斯（ジャムス）は歴史的には辛亥革命後は漢人の入植者が増加し、松花江下流随一の良港として発展した。昭和六年（一九三一）九月、満州事変の発端となった関東軍による鉄道爆破事件（柳条湖事件）が勃発している。日本の傀儡《かいらい》政権であった溥儀《ふぎ》による満州国が建国されると佳木斯は三江省の省都となり、周辺の穀倉地帯の拠点として、また沿海地方のソ連軍に対する将来の戦争の際の防衛・侵攻の拠点として重要な都市とみなされた。そのため輸送・軍事用の鉄道などが整備された。一九三七年には満鉄の図佳線《とけいせん》（図們―佳木斯）の建設が行われた。満州国時代に初期の日本から武装移民団は佳木斯南方の広大な沃野《よくや》に入植し、成功例として弥栄村《やさか》がしばしば日本に紹介され、入植が拡大した。ソ連参戦後、この村に生き残った入植者は捕虜となり、ここからシベリアの開拓に送られた。

八日目の朝食を済ませると、バスは本日の東京からの松下さんの慰霊地である通河県太古洞を目指して出発した。佳木斯から通河を経て哈爾濱への工程は四五〇キロ、八時間位を予定している。哈爾濱駅から新幹線にて瀋陽に戻る工程である。

バスは賑やかな市内をでると高速道路に入り二時間半、途中から一般道に降りて通河に向かう。相変わらず広大な水田、とうきび、大豆畑の農地の街道をひたすら走り続ける。バスの中では団員同士も親しくなり、会話が弾む。方正という街で高速を下りて一般道を走る。高速を降りると方向もわからないため周辺の山々をみる。遠方に小高い山が見える。ポプラ並木となだらかな豊かな大地に感服するのみである。ドライブインは少なかったのか、方正の街に大きな病院がある。トイレ休憩でこの町の病院のトイレを使用させて戴いた。病院は大変混雑している。ベッドが足りないくらい入院患者が多い。廊下までベッドが置かれていた階もあってこれも驚いた。

通河に向かうポプラ並木の一般道
松花江流域の穀倉地帯を行く

　通河太古洞村を目指し一般道をしばらく行く。しかし、松花江を渡る一般道の大橋に差しかったときハプニングが起こった。バスは車高が高く、橋のクリアランスが低いため橋に入れないことがわかった。バスの車高は三・四㍍、橋の高さ制限は三・三㍍まで。ガイドさんと運転手は思わぬ事態に、会社に電話したり、急に忙しくなった。本日

方正付近を下った松花江の渡し場
船主と交渉し、戻るガイドさん
一行は真ん中の台船に乗る

の工程では哈爾浜発の新幹線列車に間に合わせなければならない。しばらく停車して対応を待つと、橋の入り口に交通案内所があるらしい。ここから下流に少し移動すると渡し場があることがわかった。バスの中は安堵の様子に戻った。しかし、どんな渡し場かよくわからない。ここから高速に戻るわけにもいかない。バスが川を渡るしか方法はない。

しばらくバスは下流方向に走って、船着き場を発見した。バスが松花江の堤防を越え、渡し場に到着して理解できた。大型の台船が三艘ほど並んでいた。この間、ガイドさんは下車して、一生懸命大型の台船主を探し交渉している。ようやく二台目と話が通じたようだ。バスは台船に乗るため堤防の入り口から川辺の桟橋に接近することができた。バスの乗客は下車することなくそのまま、川べりへ長く伸びたポンツーン付の台船にスムーズに乗りこむことができた。バスの位置がきまると瞬くの間に出港した。出港してから拍手が湧いた。一般道の橋は古いため、大型の貨物などは渡れないために制限している。新しい高速に掛かる松花江大橋は一四七〇㍍とあった。一行は、水陸両用の車に乗船している雰囲気で、二〇分ほど松花江の流れを愉しむことが出来た。

バスはコスモスが沿道に咲き乱れる一般道に戻り、水田とプラタナスの並木道を走り続けた。途中、体調を悪くする人も出て、長く続くポプラの並木の沿道で休憩となり、旅行会社の医療担当の看護師木内さんは大忙しとなった。しかし、毎度の飲料水・ペットボトルの配給、酔い止め薬やペーパータオルの配布、車内のごみ収集など衛生環境に目配りしていただいた。

団長は地図を見ながらなんとか太古洞村に到着した。そこは東京の松下さんの二人の兄が開拓団として入植し、暮らした土地であった。詳細はわからないが、昭和二十年（一九四五）十一月三日、同十日に太古洞村開拓団で亡くなられている。いまは中国人の民家もあり、部落から少し離れた銀杏の木陰で全員が黙禱し、慰霊を行った。団長さんは丁寧にこの場所を戦前の資料からこの地を探し推定し続けてくれていた。太古洞開拓団には、ほかに柏崎開拓団、北佐久開拓団、佐賀県漂河開拓団、山形県太平山開拓団の団名がつけられていた。

バスは再び高速道路に戻り、哈爾濱を目指した。市内に近づく頃、再び大河松花江を渡る橋にでた。そこは松花江の大氾濫原の河川敷となり、放牧された馬の群れが遠くに見える。初秋の河川敷はまだ雑草がたくさん生い茂っていた。ところどころには湿地があり見事な景観である。河川敷の看板には「自然保全区」とあった。馬も放牧された野生の馬なのかと思えるほど自由に動き回っている。十三名の遺族のすべの慰霊の地を巡り、いよいよ哈爾濱から新幹線に乗れば瀋陽のホテルである。少しばかり安堵の気持ちになっていた。

松花江河川敷の「自然保全区」に放牧された群馬

やがてバスは新しい哈爾濱西駅に到着した。大都会の哈爾濱は近代的な建物と広い街路、自動車、バスなど交通渋滞もあり、さすが歴史的な大都市である。哈爾浜の街に宿泊できなかったので、街の歴史を書き留めておこう。哈爾濱は黒竜江省人民政府の所在地であり、黒竜江省の政治・経済の中心である。二〇一五年時点での市区人口は約九九〇万人の大都市であったが、現在人口は一一〇〇万人の街ということだ。市名の由来としては、白鳥を意味する満洲

新しい哈爾濱西駅
1,100万人の街、哈爾濱は東方の小パリ
一行はガイドさんら旅行社の皆さんとここでお別れした

語、平地を意味するモンゴル語、栄誉を意味する女真語などの諸説があり定まっていない。一八九八年、ロシア帝国により満洲を横断する東清鉄道建設が着手されると、交通の要衝としてロシア人を初めとする人口が急激に増加し経済発展をみるようになった。日本は明治の日清、日露戦争の時代から満州への進出が始まっていた。一九〇九年十月二十六日ハルビン駅頭では日本の枢密院議長伊藤博文が安重根に暗殺された場所である。哈爾濱はロシア人、ユダヤ人が早くから入植していた街であり、欧風の街並みと建築物が数多く建てられている。また、哈爾濱は昔から「東方のモスクワ」「東方の小パリ」と呼ばれている。現在はビールの生産と消費も多くなり世界第三位の消費地ということであった。

ここで、ガイドさん、運転手さんともお別れである。ガイドさんには八日間、大変わかり易いガイドをしていただいた。運転手さんは一日で一〇〇〇キロを走ったことのあるベテランであった。ガイドさんは日本の観光ガイド本「地球の歩き方」にも掲載される名ガイドであった。旅行社の社長さんも我々の到着を迎えてくれた。ガイドさんは地元出身の方で、地元の大学を卒業され、日本語は堪能で一行は助けられた。旧満州の地に大変明るい方であった。また、大学で建築を勉強している自身の息子さんのことや一九六六－一九七六年の文革時代のこと。学生時代に天安門事件が起こったこと。中国の教育、政治などのことも率直に話してくれた。観光を通じても、我々の日中友好訪中は、過去の日本の侵略戦争の桎梏を歴史の事実として受け止め、個々の想いを超えて、中国の傷ついた人々に思いを寄せ、リスペクトできれば、本当の友情と連帯が生まれることだろう。

一行の帰途にあたり、楽しみの中国新幹線。しかし駅構内の待合室からの新幹線乗車手続き等は飛行場並の厳しいチェックに驚いた。哈爾濱西駅一六時四四分発の列車に無事間に合い、瀋陽までの二時間半の列車の旅となった。遥か西方の空に真っ赤な太陽が沈む光景は、旧満州の圧倒する大地のスケールと景観はいつまでも心に刻まれた。

哈爾濱から瀋陽に向かう新幹線の車窓から見る
大陸に沈む真っ赤な夕日

「瀋陽龍之夢酒店」のロビー

第十章　合同追悼式と瀋陽を歩く

八日目の昨夜は夕刻、瀋陽に到着した。懐かしくなった日本料理を割烹「清水」で食べることになった。店員は中国人で、刺身やてんぷらの食材は世界の各国からのもののようだ。日本料理と似て非なるものを感じた。初日も宿泊した「瀋陽龍之夢酒店」に戻り、安堵してぐっすり眠った。九日目は瀋陽のホテルで午前中に合同追悼式、午後は観光で市内廻り、最後に在瀋陽日本領事館表敬訪問が予定されている。

合同追悼式はこのホテルの団長さん、副団長さんが宿泊していた部屋を使う。団員が協力して、テーブルやソファーを並べ直して、用意されていた白布をその上にセットし、祭壇を作った。政府派遣団団長らが用意してきた国旗、中国東北地方戦死者霊と明記した位牌、厚生労働大臣名、参加者の出身地知事名の生花、団長さんからの花籠と果物籠が準備され、各遺影、供物などを備えて追悼式が行われた。団長さんからの挨拶、黙禱の後、参加者が献花を行い拝礼して静かに終了した。追悼式が終わり、中国東北地方友好訪中団の任務として、先の大戦において中国東北地方で亡くなった遺族として現地を訪れ慰霊をしたことを確認した。このセレモニーは政府の事業であり、昭和五十二年から同様なスタイルで引き継がれてきたのだろう。

この旅の初日、瀋陽では市内を巡り、一人の団員の慰霊巡拝だけをした。今日は最後の滞在の日である。瀋陽の街の様子を知るため、街に出て買い物をした。人口は八一〇万人の大都会、時間の余裕もないため、団長さん紹介の中国茶の問屋さんに向かった。街には大きなデパートがいくつかあった。モンゴル、ロシア、朝鮮などとの交流が行われているとのこと。文化、経済の交易交流は多い。あるデパートはロシア展の大宣伝の国旗が壁一面に張り出されている。茶葉の問屋街はたくさんのお店が構えており、一人できてもよくわからないだろう。一行は「北茗」という問屋さんに案内され入った。烏龍茶、プーアール茶の香りが漂ってきた。大きな店構えの店主の縁台には周りに椅子が用意されていて、いくつかの茶を試飲して味わうことができる。「御買物は味を試してから」という商法である。あまり熱くないお湯を小さい白磁の茶わんに注いで客にもてなしてくれる。色、形、香りが決め手という中国茶は二〇〇種もある。二種類の茶が一巡したところで、そろそろ購入する品物を決める。周りには売り子さんがいて、途中からでも品物を決めれば、すぐ準備してくれた。一杯いただいて帰れないのがこの商法の巧みなところだ。しかし、味わい深く旨いものは、「試飲」でいい品物とわかる。お土産には二種類の鉄観音を購入した。

瀋陽市内の繁華街
周辺国との交易が活発に行われている

次に、デパートで買い物を希望する人が多いので、ほぼ全員が市内の大百貨店に向かった。時間を決めて再び一階の所定の場所に集合することにした。昨夜は、中秋の名月であった。いい月が出ていた。そこで月餅を買うことにした。デパートは日本のデパートと同様に、清潔感漂う売り場だった。イタリアのグッチをはじめ洒落た化粧品コーナー、喫茶コーナーなどが一階にある。地下階にエスカレーターで降りて品物を見定めた。買い物かごの大きさには驚いた。日本のスーパーの買い物籠の四倍くらい大型の籠だ。大量に購入している中国人が多いことがわかる。お目当ての月餅はやはり品数も多い。月餅は餅なのに、もっちりしたものではなくケーキのようなスタイルが多く、香りも良い。「康福老月餅」と「康福蛋黄月餅」の二種類を多めに買い込んだ。日本の月餅と異なり、強い粘着感や香辛料が全く気にならない。食べやすく大変旨い。帰宅後、周りに配布したら評判が良かった。瀋陽市民は海藻、豚肉、菓子などを大量に購入する人が多い。あの吉林省でみたキクラゲをお土産にしている人もいた。最後に、書籍のフロアに団長さんらと同行した。中国の詳細な地形図を購入したいと思っていた。観光用から交通、地質、地形あらゆる種類の地図が売られていた。四五〇万分の一の地形図を購入した。国土が日本の二十五倍もある中国。この国土を一枚の地図に納めるにはこの大スケールなのだと感心した。しかし、この一枚の地図には、中国全土だけでなく、朝鮮半島、日本列島が全て一枚で構成されていた。ユーラシア大陸の東、極東アジアの地形・地質は三〇〇〇万年前から徐々に分かれて現在に至るが、切り離して考えることが出来ない地形・地質である。同様に文化、歴史、民族、宗教のつながりも切り離して考えられないと強く感じたのであった。

我われは市内の混雑と領事館の訪問のことを考え、早めに日本の在瀋陽総領事館に向かった。普段の訪中では表敬訪問はなく、今回は異例とのことであった。領事館はアメリカの領事館の隣にあり、バスが近づくにつれて警戒が厳しいことがわかる。領事館の建物は二重のネットフェンスに囲まれている。領事館の中にバスのまま、一行が入ることも異例とのことだ。この通用門から入るのにかなりの時間を待った。二重のフェンスの意味が待機していたことでわかった。一番外のフェンスは中国政府のフェンスであり、周辺の道路から入退出の人物や車をチェックするらしい。通行人を装った人物が周辺にいつもいる。内側のフェンスは日本国の領事館のフェンスであった。二重のチェックである。やっと、許可されたのか、車高の高いバスを入れるので、通用門の忍び返しの付いたネットフェンスを三叉の道具を使って衛視が高々と上げる作業は大変な仕事に見えた。

領事館に入ると政府職員が歓迎して案内してくれた。落ち着いた古風な建物に入る。中国人の職員と日本の職員に案内され、広い会議室に通され、石塚大使を囲んで懇談を行った。歓迎のあいさつとこの地域を所管する領事館の仕事の説明があり、お茶と和菓子を戴きながら懇談した。大使への質問の機会もあって、筆者の遺族の戦死した場所の張鼓峯に慰霊したことを話した。石塚大使はまだ、赴任して一年足らずということであったが、延吉、張鼓峯地方はもっとも気にしていた場所で今までも足を踏み入れていなかった地域とのこと。赴任して最初に現地を視察したとのことだった。

筆者はこの表敬訪問で伯父 仁が戦死した場所は戦から八〇年になるが、大戦の戦後処理すべき課題が最も残されている地域であることを改めて認識することになった。

夜は、最後の夕食会を団長、副団長、添乗員、看護師、団員がそれぞれ十日間の旅の想いを述べて愉しく懇談して、互いに無事を喜びあった。

翌日、早くホテルを立ち、瀋陽飛行場に向かい帰路の途についた。

参考文献一覧

『地球の歩き方　大連、瀋陽、ハルピン――中国東北地方の自然と文化』ダイヤモンド社（二〇一六年十一月）
劉叢志（Lin Congzhi）著『張鼓峰事件（Zhang Gu feng Event）』天馬出版有限公司（二〇一五年八月）
笠原孝太『日ソ張鼓峯事件史』錦正社（平成二十七年八月）
長谷川　功「アムール川訪問記」『ＳＡＬＭＯＮ情報　№11』北海道区水産研究所さけます資源研究部（二〇一七年三月）
石井部隊兵要地誌班「アムール河系二棲息セル魚類一覧表（昭和十四年五月二十一日）」防衛省防衛研究所
石井部隊兵要地誌班「極東『ソ』領河川攻撃並工作に関する地誌的資料（其の一「アムール河系」昭和十四年五月二十一日）」防衛省防衛研究所
防衛省防衛研究所「終戦時の日ソ戦・ハルピン概況」
小倉幸雄「満州武装開拓団弥栄村の追憶」www.heiwakinen.jp/shiryokan/heiwa/.../H_08_207_1.pdf
田中二郎（東京帝大法学部教授）「日本国憲法の民主化――政府の憲法改正案を中心として――」『世

界』岩波書店（一九四六年五月号）
毎日新聞（統十二版）「論点・憲法七〇年オピニオン」一三、一六―一八頁、二〇一七年五月三日
原　朗著『日清・日露戦争をどう見るか――近代日本と朝鮮半島・中国――』ＮＨＫ出版新書（二〇一四年十月）
林三郎著『関東軍と極東ソ連軍――ある対ソ情報参謀の覚書――』芙蓉書房（一九七四年十月第一刷）
林　三郎著『太平洋戦争陸戦概史』岩波書店（一九七六年四月、第二九刷）
湯川十四士著『脱出！　元日本軍兵士の朝鮮半島彷徨』光人社（二〇〇六年三月）
吉田裕著『日本軍兵士――アジア・太平洋戦争の現実――』中公新書（二〇一八年四月第八版）
糟谷憲一「日本の朝鮮に対する殖民地支配の実態」（特集「植民地支配と侵略の実相・戦後七〇年」）『経済　№239』新日本出版社、二〇一五年八月
松野周治「日本と満州『東北アジア経済圏』をめぐって」（特集「植民地支配と侵略の実相・戦後七〇年」）『経済　№239』新日本出版社、二〇一五年八月
土屋十圀著『中山道追分茶屋物語――家族史・高砂屋盛衰記――』かもがわ出版（二〇一七年五月初版）
東京日日新聞社・大阪毎日新聞社『東日時局情報　第二巻第十号』一九三八年（昭和十三年十月）
長州佐藤寅太郎先生像再建記念実行委員会『頌徳・長州佐藤寅太郎先生像再建記念誌』中信社（平成二年十二月）

第二次世界大戦等の戦争犠牲者数及び「満州に移り住んだ日本人」-REFERENCE ROOM,
http://nvc.webcrow.jp/TR7.HTM.
厚生省援護局「大東亜戦争における地域別兵員及び戦没者概数（昭和三十九年三月一日作成）」
『日本の戦争──図解とデータ』（桑田悦・前原透編著）原書房（一九八二年十月二十四日）
及び『日本陸海軍辞典』（原剛・安岡昭男編）新人物往来社（一九九七年八月十五日）
半藤一利著『昭和史一九二六─一九四六』平凡社（二〇〇四年四月）
毎日新聞朝刊十四版、二〇一八年二月十九日雨水
小風秀雅著『大学の日本史④　近代』山川出版社（二〇一六年三月）
高橋裕他編『全世界の河川事典』丸善出版社（二〇一三年七月）
ポール・邦昭・マルヤマ著、高作自子訳『満州奇跡の脱出──一七〇万同胞を救うべく立ち上がった三人の男たち』柏艪舎（二〇一一年十二月初版）

『張鼓峰事件』（劉叢志著）から翻訳し一部を引用した資料
○張鼓峰事件が世界反ファシズム戦争への影響
（一）張鼓峰事件とノモンハン事件が第二次世界大戦の進捗（情勢）を変えた
張鼓峰事件後一年も経たないうちに日ソ両国はまたもや中国とモンゴルの国境周辺で更な

る大規模な軍事衝突――ノモンハン事件を引き起こしたが、日本の再度の失敗で事件は幕を下ろした。張鼓峰事件とノモンハン事件の二度の対ソ連作戦の失敗は紛れもなく日本統治集団への一大打撃だったであろう。それによって、日本の「北進」戦略にも多大な影を落とした。それからというもの、日本統治集団は、希望を「南進」に託し、南方での侵略拡大を有利に進め、それによって全面的な中国侵略戦争によってもたらした難局を切り抜こうとするため、北方での対ソ連の方針を〝安静保持〟とした。

〟中国東北部で発生した張鼓峰事件及びノモンハン事件は、いずれも日本の失敗により、企てた〝北進〟戦略方針はドイツとで東西戦線でソ連を挟み撃ちの戦略を（変更し）、南下して英米領地を侵攻することにシフトした。それによって、スターリンはモスクワが最も危機的状況に置かれた際に、ソ連の極東から四十の師団、総勢五十二万人の軍を工面し、首都を危機から救った。この出来事はまた第二次世界大戦の局面を大きく変えた。〝（二〇〇五年世界反ファシズム戦争並びに中国人民抗日戦争勝利六十周年を記念して、新華社が編集発行した国防大学の徐焰教授と北京大学の徐勇教授の下書き原稿）

（二）日本の〝北進〟放棄は世界の反ファシズム戦争の追い風に

張鼓峰事件（及びノモンハン事件）の日本の失敗は、日本統治集団に大きな打撃を与えたことは疑う余地もない。それから、日本統治集団が北方での対ソ連の方針を〝安静保持〟に変換することを考え、それによって全面的な中国侵略戦争によってもたらした難局を切り抜こうとした。日本の〝北進〟放棄戦略はソ連の世界反ファシズム戦争において、西でドイツ、東で日本と両戦線から背腹に敵を受ける不利な局面を避けることができた。一方、日本の〝南進〟選択は、真珠港奇襲から太平洋戦争を引き起こし、それによって、孤立主義者の米国を最終的に第二次世界大戦に巻き込み、結果、世界の反ファシズム勢力を拡大させた。一九四五年、米国が日本に二つの原爆を投下したことはさまざまな側面の評価はあるが、その大きな評価の一つとして、世界の反ファシズム戦争を短縮させた。このように、世界の反ファシズム戦争が反ファシズムの有利な方向へと進展していた。

○張鼓峰事件が中国人民の抗日戦争に対する歴史的意義

まず、毛澤東は張鼓峰事件について、中国人民の抗日戦争の状況への影響を正確に分析し、判断をした（毛澤東選集第二巻五六二頁）。それによって、中国人民の抗日戦争の士気を鼓舞し、抗日戦争への決心を固め、抗日戦争の新たなステージである持久戦の歴史的段階に突入した。また、抗日戦争の最終的な勝利にも重要な歴史的影響を与えた。

次に、張鼓峰事件（及びノモンハン事件）はソ連の勝利によって、ソ連政権が保持、世界の反ファシズム同盟の維持につながり、国際共産主義運動の流れが保障された。その結果、一九四五年にソ連が中国東北への出兵ができ、抗日戦争勝利へのプロセスが加速された。

最後に、中国人民の抗日戦争はまたソ連の張鼓峰事件及びソ連国防衛戦争の勝利に支援的な役割を果たした。日本の副総参謀長石原莞爾が張鼓峰事件の総括で、日本の失敗の教訓について、この事件では、ソ連が日本と対峙したのは、ソ連にとって、日本の中国出兵が脅威であった為である。また、日本が屈辱を忍んでソ連に屈服したのも、根本は日本が中国に出兵したからである。

張鼓峰事件で日本の失敗は、中国の抗日勢力によるところも大きいであろう、それによって日本が軽はずみな行動ができなくなったであろう。一九三七年（盧溝橋事件の年、中国では「七・七事変」）中国では、日本による全面的な中国侵略戦争が開始され、少人数の兵力で短期決戦によって、〝中国問題〟の解決を企てていた。しかし、戦争勃発と共に、中国軍と人民が空前の不屈の抵抗を開始した。この抵抗が日本の即決戦の戦略を無にしたため、日本は次々と兵力を投入し、持久戦の泥沼にはまり、進退両難の局面になった。そのため、日本は〝北進〟対ソ連作戦に使う予定の兵力までも中国に投入し、日本の対ソ連戦の能力がさらに削られることになった。その結果、張鼓峰事件での対ソ連戦の失敗につながった。張鼓峰事件発生当時、日本は武漢攻略の作戦の真っただ中でもあったため、対ソ連戦の拡大には余力がなかった。そのため、日本大本営は張鼓峰事件において、不拡大方針を採らざるを得なかった。

以上より、中国人民の抗日戦争は、日本の〝北進〟対ソ連作戦の足を引張り、張鼓峰事件やソ連国護衛戦の勝利においてソ連の大いなる応援となった。

○中国人民による抗日戦争が世界反ファシズム戦争における位置づけとその意義

一九三七年の〝七・七〟事変後、日本帝国主義が三ヵ月で中国を陥落させ手中に収めると狂ったかのように大口を叩き、兵力を一七の師団から二四の師団に拡充させ、そのうち二十一の師団を中国侵略のためだけに投入した。武漢合戦後、日本が中国に投入した兵力の総数はほぼ一〇〇万に達していた。一方で、その時、日本国内には一つの師団のみであった。

中国人民は日本の一〇〇万の大軍に対して強く抵抗していたため、〝北進〟してソ連を侵略することも、〝南進〟して英、仏の植民地を奪取することもできなかった。日本はかつて、二度ソ連を侵攻し、張鼓峰事件とノモンハン事件はいずれも日本が惨敗した。中国の抗日勢力の制約を強く受け、日本はこれ以上軽率な行動をとることができなかった。

ヨーロッパ戦線が広げられた後、日本ファシズムがすっかり中国戦線の泥沼に陥り、自力では脱出できないため、欧州戦線に対しては注視する以外できなかった。ドイツがソ連に侵入する直前、ヒトラーは日本に「満州からシベリアに侵入することを要請する」とした。日本政府もこれは千載一遇のチャンスだと捉え一九四一年七月七日と同十一日、立て続けに一号、二号動員令を発令した。即ち、関東軍特別大演習である。しかし、最終的に〝北進〟の契機を諦めざるを得なかった。元総参謀長杉山元は、日本は中国での兵力を過度に使っていたため、（北進は）事実上不可能であった。日本政府はやむを得なく、「帝国政府は全力で中国事変の解決に取り組むため、ソ連戦争に介入せず」との決定を下した。

中華民族の抗日戦争は、明らかに東方戦線の主力軍であるのみならず、世界反ファシズム戦争の一つの主戦場でもあった。抗日戦争は日本の〝北進〟計画を頓挫させ、独、日がソ連を挟み撃ちする陰謀を粉砕した。ファシズムの世界戦略を攪乱させ、太平洋戦争が勃発以降でも、日本総兵力の七〇パーセント以上に対して絶えず抵抗をしていた。世界反ファシズム戦争の進展と結果に大きな影響を与えたと言えよう。同盟軍を助け、日本軍をけん制する重要な役割を果たし、世界反ファシズム戦争に絶大な貢献をしたことは言うまでもない。

あとがき

戦後七十三年、大戦を戦い抜いて生存されている元兵士は少なくなり、兵士の遺族も高齢化し、世代交代が進んでいる。一方、戦死した兵士は戦地でいまでも屍《しかばね》のまま残され、家族のもとには帰っていない方は多い。ここに戦死没者の慰霊の旅を「紀行記」としてまとめた動機は、筆者の大戦の「記憶」が身近な家族史の中にあったことをより鮮明に記録し、継承しなければならないと思うようになったからである。同時に、今日も緊張がつづく朝鮮半島および東北アジアと日本の近隣諸国との関係を愁い、これらの国々を侵略し支配し、大東亜戦争を引き起こし、敗戦した現代史の日本を直視することの大切さを知ったからである。戦後、戦争をしない国として平和憲法をもちながら、一方で日本の軍事大国化という矛盾した戦後の歴史を考えれば、大戦の教訓が全く生かされていないことを痛切に感じるようになった。

戦死した二人の伯（叔）父の遺品を筆者は引き継いでいる。戦後、物心がついたときから大戦で戦死した伯（叔）父たちの話題は日々の暮らしの中にいつもあった。一九四五年八月十五日を筆者の父母は北京で迎え、敗戦後の中国の生活は日本人への報復や略奪が始まり、市内でも帰宅が遅くなると後を追われて現金を奪われるなど治安が悪化してきた。母は身を守るため支那服を着ながら生活し、引揚げの日を待ち望んでいた。華北交通に勤務していた父母は北京市内に家財を全て残したまま大きな革のボストンバックなど両手とリックに持てるだけのものをもち、敗戦から九ヵ月後に逃げるように引揚げてきた。天津の塘沽の港から出港した引揚船（米海軍船の揚陸艇ＬＳＡ）の船底に二ヵ月以上も妊婦の家族だけが詰め込まれ出港した。一九四五年、米国は日本の戦争遂行能力を喪失させる目的で機雷による海上封鎖「飢餓作戦」を行った。使用された機雷は約一一〇〇〇基が大型爆撃機Ｂ29によって敷設された。引揚船を含む六七〇隻以上の戦艦が機雷に接触して撃沈され、命を落とした兵士・一般の人たちも多い。このため海上交通は麻痺した。終戦時でも約六六〇〇基の機雷が残っていた。家族は機雷が漂う黄海・対馬海峡を幸運にも渡り、一九四六年五月、日本に帰国した。筆者はその翌日に生を受けた。妊婦は粗末な俵ゴザが敷かれた船底に横になり過ごした。船内で生まれても死亡したこどもは船尾で水葬にされた。生きて帰れたのは全くの幸運でしかなかったと思う。しかし、波乱に満ちた時代を生き抜いた家族もすでに亡く、伯（叔）父らの遺品と彼らの鎮魂の想いを筆者が継承していかなければならないと思うようになった。

戦争の犠牲者は戦死した兵士だけではなく、残された家族に後々まで悲しみと行き場のない怨念を残し続ける。戦死した伯（叔）父の母で筆者の祖母は高齢で亡くなるまで二人の息子はどこかで生きながらえているかもしれないと考えていたようだ。「岸壁の母」の端野いせと同じ思いの遺族は沢山いたことだろう。太平洋戦争に従軍し、遊撃戦（ゲリラ戦）を展開し、第二次世界大戦終結から二十九年の時を経て、フィリピン・ルバング島から一九七四年に、日本へ帰還を果たした小野田寛郎元兵士のような事件がビックニュースで流れたとき、「もしかしたらうちの息子も……」という思いは、全国の未帰還兵の遺族にも期待を持たせたことだろう。また、未帰還の兵士が戦後、現地の娘さんと結婚し戦地の国の人となった例も報道されたこともある。

戦後、一九四六年（昭和二十一年）七月から一九六二（昭和三十七年）三月までＮＨＫのラジオ番組に『尋ね人』、『復員だより』、『引揚者の時間』があった。戦後の混乱期に、番組の聴取者からＮＨＫに送られてくる連絡不能になった人の特徴を記した手紙の内容をアナウンサーが朗読し、消息を知る人や本人からの連絡を待つという放送であった。対象者は復員兵、引揚者、シベリア抑留者、戦中時の兵隊仲間など様々であり、依頼者の多くは同様の立場や境遇にあった人でもあり、戦時・戦後の混乱でやむを得ず離別した人達であった。我が家ではこの番組のラジオを囲んで祖母をはじめ家族で聴き入っていたことを思い起こす。

今回の慰霊の旅を通じて中国、旧満州からの引揚者帰還事業がどのようにして実現できたのか大変よくわかる文献に巡り合えた。『満州奇跡の脱出――一七〇万同胞を救うべく立ち上がった三人の男たち』（柏艪舎）である。著者はポール・邦昭・マルヤマ氏で本のサブタイトルにある「三人の男たち」の中心にいたリーダーが丸山邦雄であり、著者の父である。丸山邦雄が日本で満州難民の救出活動の中で作成した『在満同胞を救え』（公民教本社、一九四六年六月）の本、および「ユートピアを目指してアジアの曙――死線を超えて』（一九七〇）をもとに、父 邦雄や母（メアリー・丸山万里子）の経歴を含む生涯の波乱に満ちた家族の物語を、史実をもとに書き下ろしている。二〇一八年三月NHKでドラマとして放映された。丸山邦雄は鞍山の昭和製鋼所に勤務していたが、ソ連の満州への侵攻から生活と職場は混乱し、無秩序と化した満州から蔣介石軍の地下組織を足掛かりに家族を満州に残して仲間三人で脱出を成功させ、丸山らは日本に一九四六年三月に帰還する。彼らは早速「在満同胞救済陳情代表」の活動を東京杉並から精力的に展開し、敗戦下の政府の協力を受けることに成功し、全国の留守家族を組織していく。丸山の郷里では満鮮同胞救出大会などを開催し、全国に活動を展開する。丸山らは敗戦直後の日本政府外相（のちに首相）吉田茂に面会し救出を要請、更に彼は得意の語学力でＧＨＱ最高司令官マッカーサーとも交渉し、満州の日本人の救出を求めて立ち上がった民間人である。やがて、運動は一九四六年七月には高松宮の全面支援で全国組織「大陸同胞救援連合会」が立ち上がった。この運動の結果、最初の大規模の引揚げは一九四六年五月十四日からはじまり、五月二十六日までに二万人以上の同胞が帰国する。その後も同胞はシベリアをはじめ各地から引揚船で帰還することができた。この命がけの脱出と帰還運動の中心となった三人は、丸山が勤務する昭和製鋼所の理事長の紹介から新浦八郎、武蔵正道という勇気と知恵のある若い技術者で三人の秘密の同志をつくり、最も困難な時期を綿密な脱出計画を作り、ソ連支配下の街から脱出に成功する。一旦、帰国した武蔵正道は内地の取り組みと米軍の支援で引揚船が葫蘆島から帰還できることを伝えるため在満日本人会への連絡とその組織化のために厳しい検問を突破し、再び満州（奉天）に入ることができる。すでにソ連軍と中国共産党軍の支配が拡大する中、国民党軍の厳しい検問を受け、スパイ容疑で逮捕、投獄される。七週間の拷問の毎日に耐え、一旦は死の淵までいく苛酷な拘束を受ける。牢獄で偶然にも脱出の時に協力した蔣介石軍の劉大佐と会うことができ解放される。やがて、一九四六年十一月、引揚げの最後に、武蔵正道も再び帰国する。そして大連に残していた丸山の妻メアリーと子供四人の引揚船の到着する博多港で丸山邦雄は再会することができる。

戦後、日本は高度経済成長を遂げたが、太平洋戦争の戦死者約二四〇万人のうち半数はいまだに遺骨も帰ることなく、戦後はいまだに続いている。残された約半分の遺骨収集は行われているが遅々として進んでいないのが現状である。戦後、日本は連合国軍（ＧＨＱ）によるアメリカの統治を受け一九五一年九月サンフランシスコ講和会議を経て、一九五二年四月に独立を果たした。それから二〇年、中国とは一九七二年九月まで国交回復が遅れた。戦後独立を果たしたアジアの国でもミャンマー（旧ビルマ）のように長く軍政が続いた国。いまだ国交のない北朝鮮。国交があっても一九九一年旧ソ連崩壊後のロシアとの複雑な政治外交下、樺太、千島列島など未解決のままロシアが実効支配をつづける北方領土。戦後の冷戦時代のもとであまりにも多くの時間を浪費した。遺骨収集は一九七二年五月、日本に返還された沖縄とアジア・太平洋諸島の友好国を中心に行われてきた。中国では経済成長の一方、国内は反スパイ法が制定され、人権問題など厳しい国家統制を敷いている。中国全土では、観光として慰霊巡拝はできても国土を掘り起こす遺骨収集はいまだにできない。日中国交が回復しているとは言え、戦死没者の一人一人の戦争の傷跡はそのまま遺族と新しい家族に課題が残されている。戦後の世代は戦禍を直接体験した人は少ない。だからこそ戦争を風化させてはならないし、歴史の真実に目を背けることはできない。どうしたら平和な国際交流が実現し、真の友好関係を生むことが出来るのだろうか。

未帰還兵や民間人の遺骨は本書で紀行した中国東北地方だけではなく他の国々や地域にも眠る。満州事変に始まったアジア・太平洋戦争では軍隊の犠牲者は陸海空の戦没者二一二万一〇〇〇人であった。その戦闘地域ごとの戦死者は、日本本土 一〇万四〇〇〇人、沖縄 八万九〇〇〇人、中国本土 四五万六〇〇〇人、フィリピン 四九万九〇〇〇人、ビルマ一六万五〇〇〇人、中部太平洋 二六万二〇〇〇人、南太平洋 二四万六〇〇〇人、蘭領東インド 九万人、樺太・千島・シベリアなど二一万人。この中には朝鮮半島もあるはずだが含まれていない。多くの地域に未だ置き去りにされている。

兵士も家族も、多くの国民が犠牲者となった。今、戦争の時代を語り繋ぐ人たちも高齢になっている。戦争を体験した高齢の元兵士たちが「伝え残さなければ死ねない」と戦争体験を語る人たちが多くなっている。しかし、悲惨な戦争を単に犠牲者として語り継ぐだけでは十分ではないことがこの紀行を通じて実感した。遺品を残した二人の兄弟の伯父（叔父）の日記からもわかったことは、肉親は兵士として中国、朝鮮などの人々の命と生活を奪う第一線に立たされ、それを忠実に実行してきた一兵士でもあった。

作家・森村誠一氏の『悪魔の飽食』の日本軍七三一部隊の細菌戦による中国人らに人体実験を実行した部隊の存在は衝撃的な事実であった。この部隊に関する一九四九年の極東軍事裁判がハバロフスクで行われ、その映像フィルムが二〇一八年一月二十一日NHK・BS1で放映された。十二人の関東軍幹部七三一部隊の軍医らの裁判の様子を記録フィルムで詳しく放映した。その一人の軍医は普通の農家の出身で医科大学を卒業し医師となり、徴兵され忠実に七三一部隊の軍医の仕事をした。しかし、戦地の家族の中では善良な普通の父親でもあった。七三一部隊のこの軍医の子で高齢になった兄妹が裁判フィルムをみて、番組に出演していた。初めて知る父親の真の姿は信じられない様子であり、二人はことばにならない。軍医は裁判のあと自殺をしている。

兵士は単なる犠牲者ではなく、身内の日本兵は加害者でもあったという冷厳な事実をみなければならない。このことから学ばなければ真に平和な未来はこない。

現在、あの大戦の教訓から生まれた憲法の平和主義が毀損され、改変されようとしている急速な動きがある。世界では軍事力で物事を解決しようとする力の政策、ナショナリズムと排外主義的な言動が加速している。今回の紀行から見えたことは、其々の遺族の無念の思いを超えて、過去の負の歴史から現在の政治や社会にどう向き合うのかということに他ならない。ガイドしていただいた方々との会話のように、中国の教育、政治などのことも率直に教えてくれた。たとえ観光での出会いであったとしても友好の絆は作れる。これからの日中友好訪問をはじめ他のアジアの国々においても、過去の戦争の歴史の事実に向き合い学ぶこと。重要なことは歴史の事実を認識し、身内の「犠牲」という「自己」を超えて、「被害者であり加害者でもあった」という事実を冷静に認識すること。侵略を受け犠牲になった中国の人々に寄り添う心を持ち、日中友好を進めること。更に、相互理解を進め、平和を希求するもの同士がリスペクトすることができれば、真の友情とアジア人の連帯が生まれることだろう。

　さらに、この紀行の終稿の頃、冬季平昌オリンピックの平和なシーンをみることができた。スピードスケート五〇〇㍍に五輪新記録で優勝した日本の小平奈緒選手と二位になった韓国の李相花選手の友情と相手を思いやるレース後のシーンである。怪我や様々な困難を克服し、この種目で二大会連続金メダルの李相花選手。ともに困難なとき励まし合い、これまで良きライバルとして戦ってきたもの同士。「人としても選手としても尊敬できる友達」「今もあなたを尊敬している」と敗れた李相花選手に声をかける小平選手。「私もあなたを、ライバルとしても誇りに思う」と李選手。二人は一〇年前からワールドカップを転戦してきたアジア人同士。小平選手が試合では転倒し、苦しんでいたときも李選手が寄り添い一緒に涙した。固いきずなで結ばれていたという。レース後の二人が国旗をかざしながらリンクで寄り添い涙ぐむ光景は韓国のみならず、欧米や世界の人々にオリンピック精神の平和、友情、連帯の輝くメッセージを残した。

その後、朝鮮半島は急速に緊張が解け、平和への動きが加速している。驚くべきことは、原稿の校正時に、この紀行文の舞台である東北アジア地域の非核化の重要課題についてトランプ・アメリカ大統領と金正恩・北朝鮮労働党委員長とが会談をするという激動的でかつ歴史的な米朝会談が二〇一八年六月十二日に実現した。これは韓国で開催されたオリンピックの成果の一つであると信じたい。その後、この会談につづいて平和な話し合いが実現すれば米韓軍事演習も中止され、朝鮮戦争の米兵の遺骨を北朝鮮から米国へ返還が始まったニュースが流れた。一連の交渉過程は軍事力による対決では憎しみの連鎖を生むだけであり、なにも生まれないことを証明している。日本と中国、北朝鮮、韓国、ロシアの東北アジアの国々が米朝と同様な対話による成果に繋がるよう現在の国際政治の転換に期待する。

この紀行を閉じるにあたり、現地の旅では周到に準備をされ、常に慎重な行動でご指導を戴いた訪中団リーダーの小林団長さんに大変お世話になりました。また、現地の拝礼を準備され、ときにバスの乗降や食事などで高齢の団員を背負いながらサポートされた中沢副団長さんに御礼申し上げます。また、日本の旅行会社の職員の皆さんには我々の体調管理、身の回りのお世話を戴きました。現地の観光ガイドでは中国の旅行会社の通訳の皆さんには流暢な日本語で、かつ丁寧な解説をして戴き理解を深めることができました。遺族の訪中団の仲間の皆さんとは同じ遺族としての想いを一つにした意義深い旅ができたことに感謝を申し上げます。また、現地で購入した「張鼓峰事件」の史料の一部を多忙の中にも拘わらず翻訳して戴きました銭潮潮博士に感謝申し上げます。出版に際してご協力いただきましたすべての関係者の皆様に御礼を申し上げます。

結びにあたり無念の思いで旧満州の地で今も眠る伯父と参加遺族の戦死没者に鎮魂を捧げます。

最後になりますが、鳥影社社主百瀬精一氏には本書出版に際して快くお引き受け戴きましたことを感謝申し上げます。

二〇一八年八月

フォークライター　土屋十圀

〈著者紹介〉

土屋 十圀（つちや　みつくに）

フォークライター
1946 年　長野県生まれ
中央大学大学院修士課程修了、東京都庁勤務
公立大学法人・前橋工科大学名誉教授、工学博士（東工大）、
土木学会フェロー会員
中央大学大学院兼任講師・芝浦工大非常勤講師他を歴任

著書：（共著含む）
『中仙道追分茶屋物語』（かもがわ出版）
『激化する水災害から学ぶ』（鹿島出版会）
『環境水理学』（土木学会）
『都市の中に生きた水辺を』（信山社）
『親水工学試論』（日本建築学会・信山社サイテック）
『全世界の河川辞典』（丸善出版）　他

中国東北地方
三〇〇〇キロ紀行
— 旧満州慰霊の旅

定価（本体 1400円+税）

乱丁・落丁はお取り替えします。

2018年　11月 27日初版第1刷印刷
2018年　12月　3日初版第1刷発行
著　者　土屋十圀
発行者　百瀬精一
発行所　鳥影社（www.choeisha.com）
〒160-0023　東京都新宿区西新宿3-5-12トーカン新宿7F
電話　03(5948)6470, FAX 03(5948)6471
〒392-0012　長野県諏訪市四賀 229-1（本社・編集室）
電話 0266(53)2903，FAX 0266(58)6771
印刷・製本　シナノ印刷

ISBN978-4-86265-719-0　C0095